Nicolas Bedos est né en 1980. Il est auteur, metteur en scène et comédien.

DU MÊME AUTEUR

Sortie de scène
L'Avant-scène théâtre, 2004

Eva
L'Avant-scène théâtre, 2007

Le Voyage de Victor
suivi de Promenade de santé
Flammarion, 2009

Journal d'un mythomane
Chroniques, vol. 1
Robert Laffont, 2011
et « Points », n° P2907

Journal d'un mythomane
Une année particulière, vol. 2
Robert Laffont, 2012
et « Points », n° P3127

Nicolas Bedos

LA TÊTE AILLEURS

Récit d'une année

Robert Laffont

TEXTE INTÉGRAL

ISBN 978-2-7578-3770-2
(ISBN 978-2-221-13919-6, 1re publication)

À Zoé

« Aujourd'hui, autour de moi, tout me renie, tout tombe.
Même celui pour qui j'aurais passé au travers d'un feu.
Je n'aurais jamais cru à autant de lâcheté humaine.
Eh bien soit ! Je suis seule.
Et si je dois tomber, ce sera avec un sourire de profond mépris. »

Mata Hari
(Dernière lettre avant son exécution)

« La petite, petite marionnette
Qui s'étale et qui s'entête
C'est l'enfance qui revient
Le soir où tu as du chagrin. »

Patrick Sébastien
(Le petit bonhomme en mousse)

La première gorgée de blonde

Il était temps que je la rencontre. Après des mois d'échanges de mails (en tant que chargée de com' d'un prisonnier politique russe, elle chassait les signatures de « pipoles engagés » à mettre au bas d'une pétition), nous nous sommes donné rendez-vous, en chair et en regards, à la terrasse d'un café. Avant même qu'elle arrive, je savais déjà. Je savais parce que, régulièrement, ses textos giflaient ma mémoire par leur ironie spontanée, presque désinvolte. Je savais parce qu'un soir, alors que des milliers de kilomètres séparaient ma retraite corse de son combat géorgien, nous avions spontanément outrepassé l'écrit pour nous payer une série d'éclats de rire téléphoniques. Je savais parce qu'elle est blonde (quelques photos de profil étaient dispo sur Internet), relativement jolie (d'après une connaissance relativement commune), marrante (je sais lire) et cultivée (le bagage minimal d'une honnête provinciale du XIXe est un sommet d'érudition chez une Parisienne d'aujourd'hui). Bref, des qualités clichés, mais dont l'association mérite une grosse médaille. Donc je savais déjà. Et pourtant, à l'heure du net, combien d'espoirs virtuels s'évanouissent comme des bulles de savon touchées par le doigt d'un sourire contrefait, d'une odeur inamicale, d'un faux rythme des gestes ou des idées qui ne synchroniseront jamais leur cadence ?

Après quelques minutes d'attente, durant lesquelles j'ai relu nos échanges, elle débarque en Vélib'. Elle n'est pas blonde, c'est LA blondeur. Il est probable que la Suède ait pactisé avec l'Allemagne, Venise et la Californie pour mettre au point cette chevelure tentaculaire revendiquée comme un slogan : longs au-delà des conventions, ondulés comme un plat de tagliatelles pour six et miroitant TOUS les rayons de ce soleil complice, ses cheveux l'escortent davantage qu'ils la coiffent. Pour achever de les flatter, elle s'est offert une paire d'yeux bleu piscine, un teint vermeerien et des lèvres fines mais sanguines. Elle s'approche. Mon œil gauche, scotché par sa belle gueule, laisse néanmoins l'œil droit reluquer les étages inférieurs. Insolente jusqu'au bout, le clou de sa grande taille (je mise vingt euros sur le mètre soixante-dix-sept) est enfoncé par des talons de dix. En voilà une dont la beauté sans scrupule n'a pas dû se faire que des copines ! (Ma sœur ne sera pas tendre. Ma mère sera sans pitié.) Pourtant, la tornade de son aspect fut bientôt adoucie par la brise de son verbe. Je savais. Maintenant je sais. Il est rare qu'on se dise, en prenant place dans un théâtre : « Pourvu que cette pièce soit un chef-d'œuvre » sans être un peu déçu. Là, je n'ai même pas le loisir de me dire : « Tiens, je ne suis pas déçu », car le plaisir du présent m'oblige à fabriquer notre film futur.

On est là depuis cinq minutes, et je sais. Je sais que je vais décommander ce dîner de travail prévu juste après, comme un filet de sécurité ; je sais que je vais – j'y pense ! – annuler mes rendez-vous de demain matin – rendus trop pénibles par la soirée qu'on s'apprête, elle et moi, à s'offrir. Elle allume ses cigarettes au mégot de mes cigarettes et ses phrases à la fin de mes phrases (Le pourquoi deux personnes s'optimisent l'une l'autre n'est pas moins obscur que le pourquoi deux autres s'annulent.) Il y a comme ça des êtres qui vous mettent en famille. Je la regarde, je l'écoute. Je sais. Je sais que mes impressions sont partagées. Je sais que tout à l'heure elle va oublier ce Vélib' posé à l'instant contre un arbre parce que je sais qu'on va marcher vers un resto, à la terrasse duquel je sais qu'on se foutra pas mal de la qualité de la bouffe parce que je sais qu'elle me racontera des trucs qui ne m'ennuieront pas assez pour que je mange autre chose que ses yeux, puis sa bouche. Je sais que certaines personnes s'apprêtant à me demander « une p'tite photo » n'oseront pas déranger ces fous rires partagés. Je sais que, nuit d'amour ou pas, on se quittera très tardivement, et à regret, sachant tous deux que les heures d'attente seront interminables avant les retrouvailles. Je sais aussi (elle me l'a écrit dès le début) qu'elle n'est pas célibataire. Je sais qu'elle a quelqu'un. Mais je sais qu'il est cuit. Je sais qu'elle sait qu'il est baisé. Désolé, mec : ça prendra le temps qu'il faudra, il y aura sans doute des larmes, des reproches et des remords, mais, à l'heure qu'il est, on rit sur ton cadavre, on se plaît sur ton cadavre, on va danser, flirter, s'embrasser, faire l'amour, somnoler et se promettre tout sur les cendres d'un type autrefois merveilleux, avant nous. On le sait. Pendant ce temps-là, qu'elle tende le bras pour héler un serveur, qu'elle retire une miette de pain tombée sur sa main, qu'elle relève un sourcil – elle-même amusée d'avoir enfanté une énorme faute de conjugaison – qu'elle croise ses chevilles sous la chaise ou qu'elle s'attendrisse au récit de la mort de mon chien, tout tend à me faire savoir que je vais la regarder faire tout ça pendant des mois, si ce n'est des années.

Est-ce la trentaine bien entamée ou le désert sentimental d'où mon cœur sort assoiffé, toujours est-il que mon psychisme me bombarde de projections encore plus ridicules : on se connaît depuis quinze minutes et je la vois poussant le landau de mon deuxième marmot, me demander (très tendrement) de parler moins fort pendant son cours de violoncelle. (Oui, des images principalement pompées dans les archives de la grande bourgeoisie française. Peut-être parce qu'elle est blonde et sans doute un peu snob, qu'elle n'est pas le contraire de ma mère qui n'est pas le contraire d'une aristo sans particule.) Je la vois aussi téléphoner, en jeans, les orteils de ses pieds nus cachés sous un coussin, parlant de nous, d'un « nous » marbré par de joyeuses semaines. J'ai souffert, je vais souffrir. Pourquoi recommence-t-on avec autant de fraîcheur la comédie de l'amour alors qu'on sort de plusieurs bides ? Parce qu'on ne se souvient plus des précédentes faillites ? Si, je les ai tatouées sur la peau de mes livres. Parce qu'on espère que nos échecs nous ont rendu meilleur acteur et que ce film-là va casser la baraque ? Faux, je suis le même connard que l'année dernière. Alors pourquoi ? Parce que, pour moi, c'est mieux que le foot et l'amitié. C'est mieux que la gloire et la pêche à la mouche. C'est ma passion. Mon emploi à mi-temps. Profession ? Chercheur en plaisir conjugal, entraîneur affectif.

Voilà. Nous sommes lundi. Pour ceux qui, bientôt, feuilletteront *Voici* en attendant leur détartrage, cette fille ne sera qu'une blondinette dans les bras d'un coureur de jurons. Pour moi, ce sera l'horloge de ma vie. Matin, midi, et soir. Chaque jour que Dieu défait. Ce sera, d'une manière ou d'une autre, le sujet principal et la première lectrice du modeste bouquin que tu tiens dans tes mains.

La grève du grave

Voilà qui sonne le glas de l'été (celui que j'ai sué sur un plateau de cinéma) : le patron de *Marianne* vient de m'appeler trois fois de suite. Je n'ai pas décroché car derrière lui j'entends Hollande, Mélenchon, Copé, Le Pen et toute la rentrée politique m'inviter à reprendre ma chronique. Je n'ai pas décroché car je ne suis pas pressé de faire mouche sur le dos de ces canassons de gauche comme de droite qui, après quelques galops rochelais, ont sagement repris place dans le manège des médias. Je n'ai pas décroché car c'est la première fois qu'Elle m'emmène au ciné. Ces premiers jours d'un grand amour me font le même effet qu'à toi les premiers pas de ton môme. Hier, je me suis dit : « Tiens, c'est notre premier resto chinois », un peu comme le père se pâmant : « Tiens, c'est la première fois de sa vie que Kévin rencontre un chien. » Ce matin, j'ai noté : « Première douche qu'elle prend chez moi. » Demain je me dirai : « Tiens, première supérette. » Et puis : « Merde, première lecture de journaux en silence. *Fuck*, c'est la première fois qu'elle m'emmerde pour la troisième fois de la journée. » Chaque fois, je me ceinture pour ne pas prendre une photo.

Puisque Moscovici a le courage d'annoncer aux Français qu'il revoit à la baisse ses prévisions de croissance, j'ai décidé de dire à ma mère que j'ai rencontré quelqu'un. Enfonçant le couteau dans sa plaie, j'ai ajouté « quelqu'un de très bien ». Là, après un silence analogue à celui qu'elle marqua après l'élection de Sarko, elle m'a dit : « Je sais, ta sœur m'a dit » sur le ton qu'une mère moins juive prendrait en disant : « Je sais pour ton cancer, je l'ai lu dans *Le Parisien*. Mais ne compte pas sur nous pour payer ta chimio. » J'ai failli ajouter : « Tu sais, maman, c'est pas si grave. Avec un peu de bol, je vais découvrir qu'elle est nympho, qu'elle mange des fœtus de Roumains ou qu'elle est proisraélienne. Et puis, dans le cas contraire, ne perds pas tout espoir : je vais peut-être me lasser ! Prions ensemble pour que ça ne soit qu'un transfert opéré par le début de ce livre. Rassure-toi, si ça se trouve, dans deux mois tu retrouveras ton ado déplumé et déprimé par une série de coups de bite dans l'eau tiède, je viendrais me blottir dans tes bras pour sangloter cette asthénie sentimentale que tu appelles "mes louables exigences" pour mieux t'assurer qu'aucune tête blonde ne t'appellera Grand-mère avant que tu te sentes vieille, c'est-à-dire juste avant de mourir ! »

Lecteur, pour la comprendre, il faut savoir que ma mère m'a eu très jeune, d'un homme plus âgé qu'elle. Du coup, il n'est pas rare qu'en nous voyant dîner tous les trois les gens la prennent pour sa belle-fille, c'est-à-dire ma fiancée. Ce qui la fait rougir. De plaisir. N'étant plus son « petit garçon », elle n'a rien contre l'idée que je devienne son « vieux garçon ». Du coup, quand la plupart des génitrices encouragent la vertu de leur rejeton – et blâment leur inconduite – la mienne, associant ma constance au triomphe d'une rivale, n'a pas cessé d'applaudir mes frasques : « Être infidèle à toutes, c'est ne pas tromper maman. » Partant de ce principe, je suis un fils irréprochable. Sauf qu'à plus de trente balais et autant d'amours défuntes, il serait temps de tuer la mère. Celle pour qui une jeune femme exclusive, c'est la promesse d'un gosse dans le dos, d'une vie étroite et d'un bulletin de vote UMP.

« Tu ne vas pas faire comme tous ces veaux qui se laissent mettre le grappin dessus par la première connasse venue ! Tu as trop de talent, tu es bien trop original, pour beugler dans cette chorale !

– Oui, mais maman, je l'aime.

– Oh ! Tu l'aimes aujourd'hui. Demain matin, peut-être. Entre une cuite et une télé. Mais t'es mon fils, bon Dieu, je t'ai pissé de mon cœur. Tu ne cesses d'évoluer en écartant les murs de ton monde intérieur. Aujourd'hui, tu la trouves émouvante dans un deux pièces cuisine, mais elle sera IMMONDE dans une villa avec piscine ! Cette fille est formidable, mais ne me fais pas l'offense de te contenter de "ça" : Elle est bonne pour un petit chroniqueur chez Cyril Hanouna ! »

Quand elle m'invite à dîner (le genre de dîner aussi facultatif qu'un contrôle aux frontières), ma mère me demande toujours : « Dois-je prévoir un couvert pour une "pièce rapportée" ? » Serait-ce pour cette raison que mes pièces rapportées ne furent souvent que des pièces maîtresses ? En tout cas, celle que je visite avec bonheur depuis quelques semaines restera fermée à clef jusqu'à la mort d'Œdipe. En attendant, j'interdirai ma blonde aux proches. Ceux qui me veulent du bien contre celle qui m'en fait.

Le patron de *Marianne* laisse un nouveau message. Il semblerait qu'Hollande, avant même d'avoir échoué, soit plus impopulaire que Louis XVI quelques heures avant de se faire trancher la tête. De manière générale, le moral des Français serait en chute libre. J'en conclus, non sans rancœur, que les instituts de sondage ne prennent pas du tout en compte ma vie sentimentale.

–-

Après s'être vengé (d'une maison de disques ingrate) grâce au triomphe de son album *La Superbe*, Benjamin Biolay sort *Vengeance*, un album… superbe. Attention, ce n'est pas parce que c'est mon ami que je lui trouve du talent. C'est parce qu'il a du talent que je me suis débrouillé pour qu'il soit mon ami. S'il chantait comme Patrick Fiori, je trouverais nos soirées « sympathiques » ; or, quand, le lendemain, j'écoute une chanson de Benjamin, je réalise que j'ai vécu la veille une soirée inoubliable.

–-

Anne Sinclair à nouveau amoureuse. Voilà, elle tourne la page d'un livre lu et souillé par toute la France. Dans la rue, les gens lui disaient : « Pauvre femme, comme on vous plaint. » Ce matin, le baiser qu'elle échange à la une de *Paris Match* leur fait un joli bras d'honneur. Preuve en est que le cœur est un muscle assez costaud pour mettre leur pâtée aux plus mauvais souvenirs.

–-

Pom, mon ex, vit à Los Angeles. Je lui ai envoyé mon livre, celui qui sort le mois prochain, dans lequel son absence est largement présente et que je lui dédie. Aussitôt, elle m'a fait répondre qu'elle ne le lirait pas et que, là où elle renaît, personne ne lui en parlerait jamais (entendu que je suis pour les Ricains ce que sont les *Essais* de Montaigne dans la mémoire de Laure Manaudou). Le cœur de Pom, apparemment, lève des haltères d'oubli. Je lui souhaite une très longue et très tendre amnésie.

Rentrée des crasses

Catastrophe ! Malgré ma porte blindée et mon vigile sénégalais, les patrons de *Marianne* ont trouvé le moyen de pénétrer dans mon clapier. En découvrant ces deux intellos de gauche debout dans mon salon (un salon débarrassé depuis juin de la moindre tension cérébrale), je me suis jeté dans la cheminée ! Aussitôt, l'un d'eux, s'emparant d'un tisonnier, me pince la cuisse :

« C'est fini, les vacances, Nicolas ! Habille-toi, lâche ce verre de pastis et suis-nous ! »

Je demande : « Où ça ? » en tentant d'enflammer du petit bois…

« Au journal ! Il est temps de te remettre au travail.

– Mais quel boulot ?

– Celui qui consiste, en échange d'un salaire excessif, à critiquer le pouvoir en place.

– ENCORE ?!!! Mais le pouvoir en place, n'est-ce pas nous qui l'y avons mis ?

– Si, et alors ? L'enthousiasme journalistique, c'est comme l'amour brésilien : Très puissant… le temps d'une nuit ! Des fleuves ont coulé pendant que tu te dorais la pilule sur les plateaux de ciné et notre candidat d'hier sera ta tête de Turc de demain ! Te plains pas, va, pour toi, c'est un tout nouveau registre : tu vas passer sans transition de l'indignation à la déprime, de l'obsession compulsive aux troubles bipolaires. Cet été, François Hollande, en barbotant pendant des plombes avec sa mal-aimée, a bu la tasse dans les sondages ; Manuel Valls s'avère être une taupe de la Droite populaire (même Hortefeux le trouve sévère) ; Montebourg – en gémissant son impuissance à chaque plan de licenciement – manifestera bientôt devant son propre ministère ; quant à Jean-Marc Ayrault, on n'ose même pas coller la photo de son visage transparent à la une de *Marianne* de peur de vendre moins que *Le Monde diplomatique*. Voilà, feignasse, je t'ai filé de la matière, rebalance-nous tout ça avec ta vulgarité coutumière, retombe sur tes pattes politiquement correctes en injuriant Marine Le Pen, ricane pendant trois lignes sur le combat de tiques qui oppose Fillon à Copé, et tu tiendras jusqu'en avril, le temps pour nous de dégoter un nouveau "caustique" de service moins coûteux. On y va ? »

Sur ces mots, j'ai réussi à embraser les rideaux de mon salon. Le feu a pris en quelques secondes : j'ai sauté dans les flammes comme Delarue dans la farine, du temps où la vie ne lui faisait pas autant défaut. Bref, je préférais voir mes jambes se transformer en boudins noirs que de rempiler dans la contestation hebdomadaire. Moi, c'est physiologique : j'ai besoin d'être « pour » une année sur deux ! D'autant que les lecteurs vont finir par se lasser de nous entendre siffler tous les stand-up présidentiels.

« Pas du tout, dit l'un de mes employeurs, à l'époque de Twitter le Français veut la peau de tout ce qu'il a élu. C'est la crise, il crève la dalle, il lui faut bien bouffer quelque chose, à commencer par ceux qui sont payés pour le sauver et qui n'y parviennent pas tout de suite.

– Mais moi, mon plaisir personnel ?

– Tu t' le mets dans la rondelle ! La France vient de dépasser les trois millions de chômeurs, estime-toi heureux d'avoir encore un taf.

– J'aurai quand même le droit d'écrire du bien de quelqu'un ?

– En quelques mots, si ça t'amuse. Tu peux continuer à lécher ton copain Dujardin chaque semaine dans le journal, mais toujours entre deux pendaisons de politiques. Les Français veulent du sang, la crise chie du vampire.

– Mais pourrais-je continuer à taper sur la droite ?

– Pour quoi faire ? Elle est déjà tellement froide qu'ils tentent de déterrer le cadavre de Sarkozy ! Mais bon, si tu veux faire des blagues graveleuses sur Rachida Dati et les tests de paternité qu'elle impose à la moitié du CAC 40, on n'y voit pas d'inconvénients.

– Mais dites-moi, les gars, à défaut d'aimer quiconque, on va bien encourager un nouveau système, échafauder un courant alternatif ?

– Non. C'est fini. L'extrême gauche, en décourageant le profit, crée du chômage ; l'ultralibéralisme, en concentrant le profit, crée du chômage ; et la social-démocratie, en l'éparpillant, en crée tout autant. Chaque fois, c'est un chemin différent qui nous mène au cimetière. D'ailleurs, on s'apprête à rebaptiser *Marianne* "L'Échec".

– C'est morbide ?

– Non, ça marche plutôt bien, je viens de m'acheter une villa à Ramatuelle.

– Tu m'invites ce week-end ?

– Avec joie. On organise une soirée Prozac avec Giesbert, Plenel, Joffrin et Demorand. »

J'ai appelé les pompiers, enfilé un caleçon, et j'ai suivi mes fossoyeurs.

Rachida Dati entame une procédure contre Dominique Desseigne, héritier du groupe Barrière et donc père supposé de sa fille. Pourquoi si tard ? Parce que la gamine a grandi : héritant des goûts Vuitton de l'ancienne garde des Sceaux, c'est l'enfant elle-même qui aurait choisi le patron du Fouquet's parmi les ex de sa maman. Hésitant longtemps entre l'hôtelier milliardaire et l'ancien Premier ministre espagnol, la gamine a finalement préféré passer un week-end sur deux au Royal de La Baule que dans un pays en faillite.

Ma blonde, décidément. On ne cesse de fêter sa naissance. Mes compliments à ses parents. Ils m'ont fait les choses en grande. Chaque jour ensemble est un souvenir que je cacherai à nos enfants. Par hasard, elle arrive dans ma vie au moment où je recherche un appartement plus grand. J'en visite deux ou trois par jour. Parfois, elle m'accompagne. Bien sûr, il est trop tôt pour s'avouer que ma prochaine adresse sera sans doute la nôtre. D'où ses commentaires adorablement prudents : « Non, tu étoufferais dans celui-ci… Oui, celui-là t'irait bien… J'y dînerais volontiers… Ah non, si je ne m'abuse : Il n'y a pas de place pour ton piano… Et où comptes-tu mettre ta chambre ? » L'agent immobilier ne peut s'empêcher des « Parfait pour un jeune couple » ou « Ici, madame disposerait de sa propre salle de bains » que l'on n'ose contredire.

Une nuit, je découvre – au détour d'une de nos conversations postcoïtales – qu'elle a voté Sarko aux

DEUX tours de la dernière présidentielle ! Le plaisir la rend bavarde… et téméraire ! Dès lors, terrible impression que mon orgasme vient de cautionner les expulsions de Claude Guéant et le discours de Dakar de Guaino.

Questions : ai-je le droit d'aimer une fille dont le vote s'est si peu soucié d'une très large partie de la population sous prétexte qu'elle accueille gentiment une très large partie de mon anatomie ? Sa frigidité face au corps social ne suppose-t-elle pas une relative insensibilité face à mon cœur insatiable ? Le jour où mon charme se montrera moins productif, me licenciera-t-elle avec le regard aussi dur qu'un cadre d'Arcelor-Mittal ? Une chose est sûre, à moins qu'elle taise ses convictions, jamais mon père n'acceptera de reconnaître ses petits-enfants.

Fragment d'un délire amoureux

Difficile, chaque semaine, pour le commentateur zélé, de tisser des liens entre les faits d'actualité. Ce matin, par bonheur, j'ai trouvé tout de suite : qu'il s'agisse du dossier que *Le Nouvel Obs* consacre aux petites phrases de Sarko, des bourrepifs dont Éric Raoult aurait gratifié sa femme, des matchs de handball bidonnés ou de la ratification (aussi légitime que légitimement décriée) du traité européen, où se cache le point commun ? Dans le fait que, dans un cas comme dans l'autre, je m'en tamponne la cerise ! Permettez plutôt que je vous parle d'amour, cette valeur surcotée qui ne connaît pas la crise.

--

En effet, il se trouve qu'un ami écrivain et moi-même embarquons pour Marrakech, une cité gorgée de Bougnoules – mais rescapée du froid –, où nous sommes censés compenser le prix de l'hôtel (assez mal décoré) par l'écriture d'un scénario (assez mal dialogué). Déjà, dans l'avion, je m'aperçois que mon pote ne se ressemble plus : lui qui partage mes cuites sans fête, mes histoires sans lendemain, ainsi que mon siège en velours à l'Association des cyniques anonymes, le voilà qui ne cesse de Marc-Levyser sur la nouvelle recrue de son pieux, une Franco-Suédoise à laquelle il est éternellement fidèle depuis la semaine dernière. Certes, par le passé, je l'ai déjà vu gaspiller un ou deux superlatifs au sujet d'un pare-chocs mammaire ou d'une ventouse buccale, mais c'est bien la première fois que je l'entends gazouiller comme une chanson de Françoise Hardy. En trois heures de vol, rien ne me fut épargné : ni les regards de cette gourdasse qui le « caressent comme un baiser », ni ses boucles forcément « d'or », ni ses yeux d'un bleu toujours « d'azur », pas plus que son rire dont je m'attendais qu'il soit, d'après lui, « délicieux » ! Sur le chemin de l'hôtel, il ne prend même pas la peine de faire semblant de s'intéresser à la misère marocaine, ne feignant même pas de chercher dans ses poches les pièces qu'on ne donne jamais aux enfants sales, bien trop plongé qu'il est dans le brouillon de ses textos à la guimauve.

« Nico, me demande-t-il, on met combien de *r* à "irrésistiblement" ?

– J'en sais rien, lui dis-je, je suis irrésistiblement enclin à éviter ce mot-là. »

À l'hôtel, deux heures plus tard, j'éloigne son portable afin qu'on puisse enfin bosser, mais, durant l'heure qui a suivi, il l'a fixé de loin, avec l'œil d'un coureur cycliste face à une seringue d'EPO. Jusqu'à ce qu'elle l'appelle enfin : là, cet ancien collectionneur de connes – dont j'admirais jadis le flegme warholien – s'est jeté dessus en frisant un AVC. Durant leur bavardage, je l'ai vu passer des minauderies à l'anxiété, du faux fou rire aux grognements d'un pitbull en chaleur, avant que des larmes authentiques ne viennent menacer le bon fonctionnement de son iPhone 5 à 756 euros.

« Elle ne viendra pas, me dit-il, en chouinant comme une pucelle écologiste, elle préfère son réel à notre magique, son boulot à notre bonheur, le chagrin de son ex aux rires de son futur, son nombril à son cœur !

– Parce qu'elle devait venir ?

– Il fallait qu'elle vienne ! Si elle m'aimait vraiment, elle serait déjà là ! La pute… [Il a hurlé "la pute" comme je ne murmure pas "mon amour".]

– Mais on doit travailler ! fis-je remarquer.

– Travailler pour qui ? Pour quoi ? Pour un public d'ingrats ? Pour des parents déjà fiers ? Pour notre ego déjà confit ? Pour un avenir indifférent ? Pour des groupies volages qui sentent encore le parfum de l'idole précédente ?

– Parce qu'on aime notre métier…

– Quel métier ? Mon métier, c'est de respirer ! Et là, je respirais… dans ses cheveux, blonds et fruités comme une bière sans fond… J'étais disposé à lui écrire le monde entier ! Moi, quand je pense à elle, les avions deviennent des bus, les embouteillages, une tendre escale, la grossesse devient bandante, mes impôts le pourboire que je cède volontiers à l'État d'un pays où je l'ai rencontrée ! Je l'AIME. (Il se mit à tweeter "je l'AIME" en français ET en allemand, pendant que je lui tendais un tube de Lexomil.)

– Calme-toi, lui dis-je, tu la retrouveras à Paris, elle te regrettera dans un autre, et puis, au pire, franchement : ce n'est qu'une fille… »

Sans même m'écouter, ce barbu aux trente piges bien frappées, ce graphomane au cynisme flatté par plusieurs couvertures de magazines branchés, a harcelé sa messagerie une bonne vingtaine de fois, rongeant ses ongles adolescents, avant de se jeter sur Facebook pour poser des questions à la meilleure amie de sa récalcitrante : « Tu crois qu'elle m'aime autant que ce matin ? Sur la balance de son amour, ses doutes pèsent combien ? »

--

On n'a toujours pas écrit un mot, même pas un navet à livrer. Sans nouvelles de son amibe sentimentale, il suffoque dans la piscine, incapable de me dire en détail ce qu'elle a de si génial, mais incapable de convoquer un autre souvenir que celui de son sourire. « Ses petits seins sont immenses », raconte-t-il aux palmiers. J'ai beau lui dire que c'est chimique, qu'il l'aurait sans doute larguée au bout de quarante-huit heures, vu qu'elle est infoutue de cliquer sur EasyJet pour le rejoindre dans un palace qui rendrait baisable Alain Minc, j'ai beau lui répéter qu'on ne fait qu'épouser celles que nos névroses embellissent plus de six mois, il acquiesce poliment et se replonge à cœur perdu dans l'inactivité. Ce matin, place Jemaa el-Fna, j'ai prié pour qu'il redevienne l'enculé productif de cet été. Ce triste indifférent aux sarcasmes lucratifs. Peine perdue : il se masturbe dans le vide laissé par une muse qui n'en demandait pas tant.

--

Voilà pourquoi, de retour à Paris avec mon attardé, je prie nos producteurs de nous excuser d'être rentrés sans manuscrit.

Je l'aurais bien écrit tout seul, mais ça, je ne le peux pas.

Car mon ami, c'est moi.*

**Elle m'avait demandé deux jours – loin de moi – pour quitter son Américain à qui nous faisions pousser des cornes jaune fluo. Deux jours avec lui. À Paris. L'amant trompé, reniflant l'imminence de son licenciement amoureux, était monté dans un avion comme s'il rentrait dans son cercueil. Il voulait comprendre. La mitraillait de questions. Quant à moi, reclus dans ma suite marocaine et interdit de textos, j'imaginais cette corrida d'appartement. Et le picador inconscient que j'étais saignait presque autant que le pauvre taureau. « C'est un homme formidable, m'avait-elle dit avant que je fuie leurs funérailles, il mérite ces deux jours. Deux jours, c'est peu pour des adieux. »*

Mais deux jours c'est ÉNORME *quand on n'a ni le son ni l'image ! Du coup, je m'inflige, en pensée, leur dernière pipe, derniers baisers, dernier récit des premiers pas, dernier sanglot, derniers « Pourquoi ? Pourquoi ? Pourquoi ? ». Et je me branle carrément sur leur dernière nuit d'amour ! J'imagine l'excitation maximale de ce type transi en transit dans un corps qui l'accepte une dernière fois pour mieux lui échapper, qui jouira d'un autre dès qu'il aura repris l'avion. Sait-il à quel point sa bite et la mienne ne font qu'une, toute petite, entre les reins de notre blonde internationale. Je fais couler de mes yeux ses larmes américaines. Je fais mienne sa souffrance. Elle est géniale de m'aimer, odieuse de le quitter, lui qui l'aime comme je l'aime. J'aime la tortionnaire d'un cœur jumeau. J'ai beau me consoler sur l'avenir qui m'appartient, je ne la déteste pas moins de m'aimer davantage que ce moi potentiel.*

D'autant qu'elle m'a dit : « Je l'ai aimé. Je l'ai aimé vraiment. » Elle désaime donc ce qu'elle aime. Comme tout le monde, me dira-t-on, comme tout le monde et comme moi, mais je ne suis pas amoureux de moi. Je suis amoureux d'une femme qui est en train de faire jouir un homme qu'elle n'aime plus. Je me branle à nouveau, usant jusqu'à l'éraflure la souffrance extatique. L'amour m'est toujours certifié par cette période où je me paluche d'un rien : de l'adolescente qu'elle fut à la cougar qu'elle sera, de son dépucelage dans un chalet de Megève à l'architecte grisonnant pour qui elle me quittera.

Le gland violacé par l'imagination, je feuillette l'interminable revue pornographique qui couvre son demi-siècle de draps humides, tétons pointés, croupe en l'air, chatte en vrac, et toujours cette chevelure claire se nouant et se dénouant sur l'oreiller de mes jalousies.

Après deux jours de calvaire, elle m'a écrit : « Il vient de partir. Nous sommes libres. Si tu me pardonnes de t'avoir fait attendre, je suis à toi. Désolé pour Marrakech, mais j'aurais fait la pluie. Rentre. Il fait beau à Paris. »

Enfin ! Quelques heures de plus sans nouvelles et mon sexe décédait d'une amouragie interne.

La gauche pulvarisée

La plupart des « stars » que je rencontre au hasard de mon opportunisme ont été des enfants humiliés ou négligés par leurs parents. Ils confessent volontiers que leur maman n'y croyait pas, leur père n'a rien vu venir, la grande sœur chantait mieux, le petit frère serait prix Nobel… Bref, depuis lors, ces ex-handicapés de la gratification puisent dans leur plaie narcissique une ambition et un talent aussi intarissables que leur douleur de vivre.

Du coup, force est d'en déduire qu'il est plus dur d'avoir la niaque quand on a le malheur d'avoir eu des parents assez cruels pour nous encourager ! D'ailleurs, j'exige des miens quelques réparations suite à ma paresse actuelle.

——

D'après un nouveau sondage, les Français sont vraiment mécontents. D'après mes souvenirs, ils l'ont toujours été. Mais, d'après mes amis de plus de soixante-cinq ans, un mécontentement de cette ampleur suite à une alternance de gauche est sans précédent. Même au journal *Marianne*, on commence à recopier au-dessus de la tête d'Hollande les vacheries inventées pour Sarko.

Pour ma part, qu'on me pardonne, mais je suis encore en congé de mes colères. Faut dire que j'ai tout vociféré à la dernière présidentielle. Du coup, l'association des satiristes politiques anonymes m'a prescrit une cure de sourires. Alors, ma foi, je m'occupe, comme je peux, je me concentre sur ce qu'il est convenu d'appeler « la vie ». La vie sans le licenciement des autres. Sans les impôts des autres. Sans la misère d'autrui. La vie de ceux que je connais et qui, parfois, vont bien. Je m'attaque à des questions plus souvent qu'à des gens. Des questions d'actualité intime : Ferais-je un bon père de bébé ? Ferais-je un bon père d'adolescent inculte et drogué ? Ferais-je longtemps preuve d'enthousiasme face à une femme me faisant le récit quotidien de ses journées ? Au moment précis où tous me disent : « Saisis cette chance : sois un type bien », ne serais-je pas tenté par l'homosexualité ? Bref, je m'empiffre d'égoïsme. Et d'amour.

——

Sauf que, mon Dieu : ils sont tous morts ! Tous !

Pourtant, ce matin, tout allait bien, à commencer par moi : on flânait sur les berges de Seine, ma langue chinant du cérumen dans l'oreille gauche de celle dont je parle beaucoup trop, celle qui, désormais, promène au bout de sa laisse mon cœur réincarné en caniche bavard, baveux, aveugle et sourd aux râles des chiens écrasés mais dont la queue est presque aussi longue que cette phrase ; bref, nous disions « oui ! » à plein de curés imaginaires, quand soudain, alors même que je lui mimais l'intrigue de mon prochain ouvrage – dont le titre provisoire est « Le bonheur dure cent ans de solitude partagée » – une indicible tragédie vint enrouer mes roucoulades : imaginez une, puis deux, puis dix petites bonnes femmes, puis un essaim de petites bonnes femmes, jeunes et vieilles, suivi d'un régiment de braves types de 19 à 77 ans, bref, un peuple tout entier se jetant du Pont-Neuf, telle une pluie de déprimés, sous nos yeux maladivement indifférents à la misère humaine (excepté lorsque celle-ci, symbolisée par un Pakistanais décidé à nous refourguer des roses parfumées au déo Monoprix, osa interrompre le dîner au moment précis où je la félicitais d'avoir, ce soir, les yeux encore plus bleus que cet après-midi). Bref, figurez-vous tous nos concitoyens plongeant d'une traite dans ce fleuve d'urine chiraquienne, puis flottant à la façon d'un gouvernement de gauche, les poumons remplis de promesses intenables. Par réflexe social, ma blonde et moi avons repêché ce pauvre corps électoral, on l'a bouche-à-bouché, giflé, elle l'a même gratifié d'une pipe à raffermir les bajoues de Hollande ; rien à faire, il est mort ; j'ai fouillé dans son imperméable tricolore et j'en ai ressorti cette lettre : « Adieu, les urnes. J'ai perdu le goût de la démocratie. L'hyperactivité frimeuse de l'ancien président me foutait les glandes, mais la torpeur lymphatique du nouveau Premier ministre me fout vraiment les jetons. Les snipers UMP qui polyphonaient la mélodie sirupeuse de leur maître à gagner me donnaient la nausée, mais la cacophonie socialiste vient de griller mes enceintes. Sarko était capable du pire, Hollande est l'incapable du mieux. Voilà pourquoi j'ai décidé de m'autodissoudre en quittant les futures échéances politiques. *P.-S.* : Je lègue toutes mes dettes à Marine Le Pen. »

On a déchiré la lettre et balancé le cadavre. C'est pas nos histoires. Nous, ce qui nous préoccupe, c'est de savoir dans quel resto on s'aimera encore ce soir.

—

Dans *Les Inrocks*, Audrey Pulvar – redresseuse en titre du fameux redresseur des torts productifs – n'en finit plus de hurler son indépendance vis-à-vis du gouvernement. Elle est LIBRE, qu'on se le lise ! À longueur d'édito, elle taillade des costards aux collègues de son mec : « Hollande recule lâchement devant les petits patrons », « Fleur Pellerin s'agenouille devant le pognon ». Sur le plan journalistique, c'est irréprochable, mais, sur le plan de table d'un dîner à Matignon, elle est dure à placer ! C'est comme si ma fiancée balançait des tomates à la gueule des acteurs de mes pièces !

« Mais pourquoi tu fais ça, ma chérie ?
– Parce qu'ils sont à chier, c'est la vérité !
– Certes, mais je ne coucherai plus avec la vérité. »

Ça me rappelle une histoire vraie, celle d'un critique de cinéma qui, gêné d'entretenir une liaison avec une cinéaste célèbre, démontait tous ses films, même les bons ! Pas facile pour elle, ensuite, de sucer le téton gauche d'un type qui venait d'écrire que « sa caméra s'attarde, non sans complaisance, sur une multitude de clichés ».

Eh bien, cédant sans doute à un conservatisme furieusement beauf, j'ai beau tenir Pulvar en assez haute estime, contestant publiquement son éviction de chez Ruquier par les patrons de France 2, je ne peux m'empêcher d'imaginer le western psychologique qui se joue certains soirs dans son lit conjugal. Car, à force de vouloir garder son job, elle va finir par perdre son Jules. Or, quoi de plus atroce que le chômage du cœur ?

—

De manière générale – outre le cas Pulvar –, la presse de gauche a très peur de devenir à Hollande ce que *Le Figaro* fut à Sarkozy. Du coup, la presse de gauche est à Hollande ce que *Le Figaro* est à Hollande.

—

Hier, ma blonde et moi avons reçu à dîner. Un vendredi soir, comme de vrais adultes. C'est elle qui a ouvert la porte aux invités, comme une maîtresse de maison, alors que je finissais d'écrire dans mon bureau, comme Jean d'Ormesson. Après l'apéritif, nous sommes passés à table dans la salle à manger ; oui, je possède désormais une salle à manger, distincte du salon, comme Bernard Tapie. À table, nous avons parlé vacances exotiques et politique intérieure, comme des cons, et je rappelle que celle que j'aime a voté Sarkozy (ce qu'elle regrette depuis). Demain, nous partons en week-end. À la campagne. Comme François Fillon. Bref, heureusement qu'on fait tous deux semblant d'être grands, sinon je l'attaquerais en justice pour tentative d'embourgeoisement.

« C'est pas dans la nature »

Relance prudente, mais relance tout de même, du projet de loi sur le mariage entre fiottes. *Mazel tov !*

Décidément, on peut tout enlever à la gauche, huer François Hollande et sa Danièle Mitterrand du pauvre, moquer la marinière du top model Arnaud Montebourg et bâiller au pif d'Ayrault, mais il faudrait vraiment avoir fumé un gros pétard de mauvaise foi pour nier que, par définition, ce n'est pas la droite conservatrice qui, depuis des lustres Louis XVI, tente d'extraire ce parapluie que nos ancêtres bas de plafond ont coincé dans nos têtes. La semaine de quarante heures, les petites vacances pour les pauvres, les grandes plages pour les ploucs, la liberté syndicale, l'indépendance des pays chauds, la retraite à soixante piges, le smic, l'égalité professionnelle hommes-femmes, l'impôt sur les trop riches, l'abolition de la peine de mort et le remboursement de l'avortement, bref, toutes ces broutilles de bonheur, ce ne sont pas précisément les mentors de Sarko et Fillon qui se sont saignés pour.

Apparemment, lundi, ce gouvernement de « nazes » (*dixit* le panurgisme médiatique) nous ferait encore gagner un mètre sur le chemin de l'évidence. Les homos branchés vont enfin pouvoir accéder au romantisme désuet des hétérobeaufs ! Ce qui permet à la Boutin et à ses milliers d'illuminés de hurler – en 2012 ! – qu'un homme dans un homme et qu'une femme sur une femme, c'est quand même très « bizarre ».

Ce chapitre s'adresse donc à toi, Hortense de mes Burnes, pimbêche tradi du XVIe qui me fait flipper depuis le collège, lorsque, encore jeune mais déjà couperosée par l'aigreur, tu trouvais que mon papa n'avait pas « un vrai métier », que mon premier amour « s'habillait comme une pute », que Gainsbourg n'était qu'un « vieux clodo », que Picasso « barbouillait des croûtes », que Duchamp nous « arnaquait », qu'à quinze ans « j'irais nulle part », qu'à vingt-et-un « je finirais mal », que la philo n'était qu'une « vaine prise de chou » et que l'homosexualité devrait se soigner aux électrochocs… Et tu soliloquais tout ça, entre deux tisanières, pendant que ton mari te cocufiait le vendredi soir en se faisant exploser la rondelle par son « meilleur ami » de mensonge, mais « faut savoir fermer les yeux », précisais-tu, en morvant un sanglot dans ton foulard Hermès, car « le divorce, c'est pour les lâches », et toi, t'as décidé de crever courageusement conne.

Ce matin, tu reprends du sévice en postillonnant que « la loi en faveur des tarlouzes n'est pas dans la nature ». Mais est-ce dans la nature, Hortense, d'autoriser une sorcière dans ton genre à lobotomiser ses mômes à coups de Nouveaux Testaments ? Pourtant, tu prêches tes indécis, tes embryons de gaieté avortés de leur liberté. Est-ce dans la nature de laisser tes marmots mormons refouler leurs désirs et zapper leur jeunesse en courant jusqu'aux rides derrière des médailles en chocolat universitaires qui ne vaudront pas tripette au grand supermarché de la crise ? Quant à ton mari, est-ce la nature qui t'ordonne d'enrouler un bout de tissu grisâtre autour de son col aussi dur que sa queue ne l'est plus ? Pourtant, chaque matin que ton Dieu fait pluvieux, tu le cravates jusqu'à l'étranglement, jugulant la moindre veine de son plaisir. D'ailleurs, était-ce vraiment dans ta nature d'épouser ce premier venu qui, trente-cinq ans de gymnastique conjugale plus tard, ne t'a toujours pas fait jouir, alors qu'une ténébreuse lesbienne au doigté glenn-gouldien te ferait grimper aux tringles de tes rideaux en toile de Jouy ? Au fait, est-ce dans la nature d'une splendeur libertaire comme Carla Bruni de jurer fidélité à un gnome réactionnaire ? Est-ce dans la nature de faire crever tes vieux à Cannes hors période de festival ? Est-ce dans la nature de laisser ton frère Charles se taper les travelos qui grelottent leur dégoût dans le froid du bois de Besogne alors que la Mairie de Paris regorge d'appartements vides, idéaux pour réchauffer l'hypocrisie bourgeoise ? Est-ce dans la nature de faire chier ton labrador devant la terrasse où je déjeune ? Est-ce dans la nature de prier « pour les pauvres », tout en votant pour ceux qui prétendent que « les chômeurs n'ont qu'à se bouger le derrière » ? Nom d'une chatte de truie hongroise, est-ce à ce point dans ta nature de contrarier la nôtre ?

Ne t'inquiète pas, ma vieille, jamais la Gay Pride ne défilera dans ton jardin : les folles ne sont pas fous. Alors laisse faire, Hortense, car la nature a décidé que tu perdrais à tous les coups.

P.-S. : au fait, tu avais raison, il y a dix ans, j'allai nulle part, et il est fort probable que je finisse très mal ; seulement, entre les deux, mon bonheur te tire la langue.

Toute ma famille s'engueule sur le mariage pour tous, mais personne n'évoque jamais le mariage pour moi. Pourtant, quand j'ai rencontré celle que je présente pompeusement comme « ma fiancée » (c'est plus chic que « ma chérie »), je n'ai pu m'empêcher de penser : « Elle a une tête à être ma femme. »

De là à l'épouser…

--

C'est quoi « une tête à être ma femme » ? En tout cas, mon ex n'a jamais eu cette tête-là. Bizarrement, elle avait une tête à porter mon enfant, mais pas à l'élever. Ou alors provisoirement. Disons jusqu'à ce qu'il parle. Car j'avais beau me la figurer avec le ventre rond et visualiser sans dégoût le petit quart de citron né(e) de nos amours débridées, pour autant il m'était impossible d'imaginer Pom s'écharpant avec la prof de maths à une réunion de parents d'élèves ou gérant des vacances en famille. Or, à moins de chercher la polémique, on ne peut guère se faire avorter de la mère du bébé !

Pom. Voilà une merveille que je n'ai jamais envisagée vieille. Ni responsable de quoi que ce soit. L'été, je n'aurais jamais pensé « louer une maison » avec elle. Faute de moyens, certes, mais surtout parce que – dans mon esprit – elle aurait eu l'air d'y squatter. Ce fut une amoureuse d'hôtel. Un week-end de trois ans. Une maîtresse prolongée. C'est peut-être pour cette raison qu'il me fallut beaucoup de ses larmes pour réaliser l'horreur de mes infidélités : on ne trompe pas une maîtresse, on la diversifie. Bref, « une tête à être ma femme » serait donc celle que je projette dans un avenir rébarbatif et qui, d'un coup de baguette magique, me le rendrait délicieux. Non, je ne me projetais pas dans l'avenir avec Pom, c'est l'avenir qui ne cessait de me projeter dans ses bras.

Dans le genre « si j'écrivais dans *Marie-Claire* », j'ai souvent pensé que le fonctionnement futur d'un couple dépendait en grande partie des conditions de la rencontre originelle. En cela, je suis un freudien de la bagatelle. Du moins pour ce qui me concerne. La première fois que je vis mon ex, je sortais d'un chagrin, et elle bronzait *topless*, le regard semi-frigide, sur la plage avant du bateau semi-rigide d'un fêtard entièrement vulgaire. Ce jour-là, je l'ai prise pour un accessoire de luxe. Avec l'âme en option. Je me suis dit, voilà le genre de court-métrage qu'un malheureux se diffuse entre deux œuvres majeures. Elle n'a pas voulu. Je m'en suis foutu. Plus tard, on s'est revus en boîte, puis dans des *afters* mondains. Elle déambulait parmi tous ces Parisiens nuls des années quatre-vingt-dix qui se prennent pour des New-Yorkais géniaux des années soixante-dix. Une nuit, ou un matin, on est tombés l'un sur l'autre avant de tomber sur la moquette, alors on est rentrés ensemble comme pour prolonger la fête. Sans lendemain. Et on a continué à s'aimer sans lendemain, le lendemain. Puis pendant des semaines. Jusqu'à ce que l'amour nous surprenne – ce dont nous fûmes vraiment surpris ! Dès lors, en dépit de sa profondeur et de sa loyauté, en dépit de son romantisme, de sa finesse et de nos mille levers de soleil, mon inconscient ne l'a jamais totalement démaquillée de ces premières nuits. Elle en aura gardé la marque, injuste, de la frivolité. Un tatouage sur son front : « Rappelle-toi que ceci n'est pas une tête à être ta femme. » Du coup, trois ans plus tard, il n'y avait toujours pas un poil de sa brosse à dents ni aucune autre affaire à elle dans mon appartement. Un soir, avant de dormir, je lui ai murmuré : « Sais-tu que tu dors ici tous les soirs depuis plusieurs années » et j'ai posé un double des clefs sur sa table de nuit. Elle l'a perdu huit jours plus tard. Je l'ai fait refaire chez le cordonnier mais, la plupart du temps, elle préférait sonner. Notre contrat tacite fut l'absence de contrat. Aujourd'hui, elle vit à trente mille kilomètres, me cachant ce vieillissement que je n'ai pas su envisager. Elle m'est morte jeune. J'espère pour elle qu'elle a enfin la tête de la femme de quelqu'un.*

* *Certains culs cousus me demandent parfois par quelle impudeur j'ose livrer en pâture des épisodes (et des protagonistes) de ma vie privée. « Ça intéresse qui ? » s'interroge le réfractaire. Eh bien, outre ces milliers de lecteurs qui – Dieu soit loué – n'ont jamais porté plainte pour bâillement, il se trouve que j'ai moi-même été formé par les impudeurs de mes écrivains de chevet. Davantage que les petits romans de Paul Léautaud, c'est son journal – intime, voire obscène – qui m'a tenu éveillé pendant des nuits entières, lorsque je me gaussais en dévorant sa description du « fléau » (charmante façon de surnommer une maîtresse vorace), le portrait de son incestueuse maman (qu'il n'hésita jamais à qualifier de « pute endimanchée ») ou son autopsie du cadavre paternel qu'il observa, dit-il, comme l'enfant accroupi au-dessus d'une grenouille morte. Pareil pour les monuments officiels : je n'ai lu ni* Salammbô *ni* Bouvard et Pécuchet, *et pourtant je connais par cœur les scènes de bordel relatées par Flaubert dans ses lettres à George Sand, ses vannes sur Musset ou l'amour vachement vache qu'il vouait à Louise Colet. De Chateaubriand, soyez francs, qui connaît mieux René ou Atala que ses* Mémoires d'outre-

tombe ? *D'Hemingway, je n'ai lu qu'un roman – qui m'a laissé de marbre – et j'ai bu d'une seule traite son* Paris est une fête *où il balance l'impuissance de son pote Fitzgerald, le même Fitzgerald dont je préfère largement* La Fêlure *(bouleversante confession sur les ravages de l'alcool et de la dépression) à* Gatsby le Magnifique, *dont le style guindé figea mon émotion. Et que dire des récits de voyages de Sagan, ou de ses recueils de souvenirs, que je place bien au-dessus de la plupart de ses fictions cul-cul-la praloche ? Rassure-toi, la raison me garde de comparer ma prose poseuse à celle de mes idoles, et je ne cache pas mon mépris devant le strip-tease annuel d'une Christine Angot, mais – à défaut de vivre pour l'écrire – pourquoi se priverait-on d'écrire sur ce qu'on vit : Il m'a toujours paru cent fois plus modeste de décrire son nombril que de s'improviser conteur d'une saga africaine située en 1840 quand on vit à Mulhouse en 2012, surtout lorsque l'expérience littéraire et la rencontre avec nos lecteurs ne cessent de nous rappeler combien notre nombril est miraculeusement relié au leur.*

De ce fait, aucune autorité ne serait à même de décréter que telle indiscrétion serait littéraire, universelle et par conséquent « légale », alors que telle autre relèverait du racolage ou de l'obscénité gratuite. À mon sens ne subsiste qu'une seule règle, que je m'applique depuis le début de mes forfaits littéraires : ne jamais faire de la peine à ceux ou à celles qu'on aime, ne jamais pousser le devoir d'honnêteté envers le lecteur jusqu'aux larmes d'une jeune femme, fût-elle congédiée du présent. Ne voyez là aucune pudeur, pas même du respect, juste la conviction que le destin est facétieux et qu'elle peut recroiser ma plume !

Cuisine interne

Ce soir, j'inaugure la promo de mon livre sur le plateau du « Grand Journal » :

19 h 15. Denisot me présente brièvement, me pose une question brève, à laquelle j'ai failli répondre avant de comprendre qu'elle débouchait en fait sur un rapide magnéto suivi du commentaire éclair d'un chroniqueur temporaire – aussitôt abrégé par une première « courte page de publicité ».

19 h 20. Retour plateau. Denisot lance – en deux mots – Jean-Michel Aphatie sur son résumé de la semaine dans lequel il caractérise – en un adjectif – les puissants de ce monde. Là, j'ai failli dire un truc à peu près drôle lorsque j'ai cru voir dans l'œil de Denisot un mini-Denisot sous coke me dire : « Putain, Nico, finis vite ta phrase, y a trop d'adverbes, là, on perd du monde », ce qui a eu comme effet de me rendre encore plus chiant que la dernière fois, pétrifié que j'étais par cette étrange apparition. Heureusement, il m'a interrompu en montrant – un instant – mon livre à la caméra et en me faisant l'inestimable fleur d'en prononcer lui-même la moitié du titre. J'ai bien fait de venir.

19 h 30. Nouveau magnéto dans lequel des critiques « culture » ont été installés dans le mixeur d'un barman du Queen pour en ressortir un tour d'horizon (en quatre-vingts secondes) des sorties ciné de la semaine qui, versé dans mon cerveau, m'a permis de comprendre que le dernier film de Jacques Audiard était « beau », « laid », « sexy », « chiant », « vain », « splendide » et « naze ». Voilà. Je ferais le tri plus tard, en attendant je me rue sur l'allusion que Denisot vient de faire à mon bouquin et qui signifie peut-être : « Fonce, Nico, c'est à toi, si tu veux pas avoir l'air d'une image subliminale ou d'une graine de plante verte, dis tout de suite un mot, à la limite, dis-en deux, trois si c'est vraiment percutant, mais tout de suite, car après c'est un tunnel de magnéto d'où tu ne tireras que trois plans de coupe, et encore, des plans larges où seul un geek te devinerait, entre le crâne d'Aphatie et le ventre de Daphné Bürki ». Du coup, pris de court, j'ai cité une phrase de Romain Gary qui n'avait absolument rien à voir avec le prix de l'essence – dont il était question depuis moins de trois secondes.

19 h 40. Malgré mes treize ans d'abstinence, j'étais sur le point de reprendre de la coke en direct, afin d'accorder ma contrebasse à leur guitare électrique lorsque je fus positivement distrait par la brillante, méchante et courageuse imitation de moi que fit Doria Tillier, la nouvelle miss Météo. Heureusement qu'elle se dévouait pour qu'on parle de l'invité ! Difficile d'expliquer le talent de cette jeune actrice de vingt-six ans. Difficile d'expliquer le talent. L'autre soir, par exemple, une amie m'a invité à un spectacle du Crazy Horse, obsolète boîte à fantasmes pour vétérans

de l'effeuillage. Sur la petite scène se succédaient des poupées topless qu'un éclairage courtois rendait plus belles les unes que la tienne. Comment expliquer qu'il a suffi d'un geste, d'une moue, d'un déhanchement, d'une seconde, pour que l'une d'elles sorte du lot. Son anatomie ne faisait rien à l'affaire – les seins de ses voisines valaient bien les siens – mais il se trouve que dans ce genre mineur situé quelque part entre la danse et la boucherie, seule l'énergie de ses regards et de son corps à elle kidnappait le désir de la salle. Le talent de cette pauvre diablesse n'avait pourtant pas grand-chose à becqueter : trois petits levers de gambettes, un basculement lascif avant de s'enrouler, tel un boa béat, autour d'une barre de fer soudain semblable à l'entrejambe d'un touriste avachi à ma gauche. Seulement, à côté d'elle, par le miracle de sa grâce, ses collègues de putasserie semblaient regarder leur montre, grimacer leur sourire, lever des talons de cinq tonnes et se trémousser vainement autour d'une barre en plastique mou. Même en retrait, elle passait devant. Tout ça pour dire que si les textes de la miss Météo n'écrasent pas de leur génie ceux de ses prédécesseuses, son talent et ses fossettes les raffinent tous les soirs, rendant surréaliste une vanne si pénible dans la bouche de Stéphane Guillon, la repêchant d'un bide dans lequel elle vient de plonger, teintant de pudeur un sketch racoleur et la rendant plus belle que des filles plus jolies.

Ce que le public du « Grand Journal » ne savait pas ce soir-là, bien trop occupé à se faire ventriloquer par le chauffeur de salle, c'est que le numéro de Doria couronnait – en secret – des années d'amitié. C'est l'une des rares personnes au monde que je suis certain d'aimer toute ma vie. D'ailleurs, le matin même, j'avais réservé une table dans un grand restaurant afin que nous fêtions, au sortir de l'émission, son triomphe ou son fiasco. En tout lien tout bonheur. Car voilà des années qu'on escomptait ce moment-là : la tendre revanche de l'ex-comédienne au chômage sur l'auteur d'une petite pièce qu'elle surestimait jadis – pour mon plus grand plaisir. En ce temps-là, elle apprenait le théâtre au « laboratoire de l'acteur », je le désapprenais sur la scène de la Pépinière Opéra. Je n'avais pas grand-chose, mais j'en faisais beaucoup. Elle avait déjà tout, mais n'en faisait que dalle. Après la représentation de ma pièce, je venais ronronner mes quelques années de plus à sa table de compliments, dans un bar à tapas rue Sainte-Anne. Doria faisait très bien semblant de m'écouter discourir sur « le comique dans le théâtre tragique d'Anton Tchekhov » et « le drame dans la vie comique de Nicolas Bedos ». Les rares fois où je glissais de mon trône de fatuité pour me pencher sur son cas, elle minimisait son avenir, évoquant du bout des ongles une vague envie de « faire rire ». Ce qui me laissait perplexe : comment un joli minois comme le sien, me disais-je, déclencherait l'hilarité, vu que la moindre grimace apparaîtrait comme un gâchis. Le public n'apprécie pas qu'une femme jette sa beauté par les fenêtres. Ce n'est pas un hasard si de célèbres humoristes comme Robin, Lemercier ou Foresti ont toutes, à tort ou à raison, fini par considérer leur impact comique comme un méchant rappel de leur disgrâce physique. Je me souviens, adolescent, d'avoir vu Muriel éclater en sanglots en sortant d'une salle comble et debout : cette artiste sensible était alors hantée par le sentiment que chaque rire confirmait sa « laideur ». Elle se trompait : Muriel est de plus en plus drôle, et – paradoxalement – de plus en plus séduisante. Elle se trompait comme je me trompais sur Doria : regardez comme, des années plus tard, elle parvient même à faire sourire Michel Denisot, ce qui est aussi malaisé que de faire débander Strauss-Kahn. Ce soir, cachés comme deux espions dans l'arrière-salle de ce resto, on se repasse sur son iPhone le long clin d'œil qu'elle vient de me faire à la télé – à la fois face caméra et dans le dos du public. Ce soir, elle rougit de fierté. Je suis fier qu'elle soit fière. De même que, d'après moi, les grands romans sont ceux dont l'auteur s'est saigné en oubliant son lectorat, les bons moments de télé n'ont que faire des téléspectateurs. Tout à l'heure, sur le plateau, il n'y avait pas de miss Météo, pas plus qu'un pantin en promo : il y avait une gamine murmurant à un gamin : « Ah, tu fais moins le malin ! »

Changement d'ambiance. Direction le Moulin rouge où, après l'émission trop courte pour qu'on puisse s'exprimer, j'enregistre « On n'est pas couché », l'émission tellement longue qu'on regrette tout ce qu'on a dit ! ONPC, c'est le Roland-Garros de la promo. L'échange y dure des plombes, chaque smatch se voyant amorti par la vigilance des deux adversaires. Même pas la peine de préparer – en fond de cour – nos petits coups de pute, on se fera niquer à la volée ! Du coup, on ne peut compter que sur une bonne nuit de sommeil, du Spasfon contre les crampes d'estomac, un quart de Lexomil en cas de crise de panique et une photo de sa mère, histoire de te rappeler qu'une femme te trouve géniale au moment même où Polony t'explique qu'entre toi et de la merde, la différence n'est qu'odorante. Surtout, se méfier des boissons alcoolisées qu'ils te proposent gentiment en coulisses, car si celles-ci te donnent des ailes pendant le premier quart d'heure (celui durant lequel Ruquier parle tout seul), l'émission est si longue qu'elles te les brûleront avant même de passer sur le gril. Pour le reste, priez pour nous, inconséquents faiseurs de promesses politiques, de livres, de films ou de chansons : ONPC, c'est l'émission durant laquelle tu regrettes de n'être pas au chômage.

19 heures. Coup de bol, j'ai bien dormi, mes cauchemars avec Natacha Polony se diluant aussitôt dans d'étranges rêves érotiques avec Aymeric Caron (je ne suis pédé que dans mon sommeil, ce qui m'a amené plusieurs fois à me réveiller le poignet de ma fiancée dans le derrière). Ma blonde qui, d'ailleurs, m'accompagne ce soir. Elle voulait voir à quoi ressemblent les coulisses d'un show télé, elle verra surtout à quel point j'ai l'air niais quand, dans ma loge, je lisse mes cheveux de nègre au Babyliss. Sa présence sur le lieu de mes bouffonneries médiatiques m'intimide un peu. C'est la première fois qu'à l'antenne, je m'apprête à penser à quelqu'un d'autre qu'à moi. C'est plus compliqué d'avoir honte à deux.

20 heures. Début de l'enregistrement. Avec treize canettes de Coca dans le sang, je suis remonté à bloc, décidé à en découdre avec mon image de bobo parisien et d'alcoolique mondain, ainsi qu'avec certains préjugés sur mes livres (ainsi qu'avec le conflit au Moyen-Orient, la dette grecque et les inégalités sociales dans le Xe arrondissement). Par pudeur, je me contenterai de défendre mon bouquin. En faux dilettante, j'ai travaillé mes arguments, mes ripostes et mes sourires de crevure.

23 heures. C'était sans compter sur la température ambiante. Tout au long de l'émission, les projos ont diffusé leur venin. Je ne savais pas que le fauteuil de l'invité se situait sous le soleil de Dakar. Et là, c'est l'accident, le pire, pour l'orgueil, le moral et le fond de teint : je sue comme une vache sous amphètes. J'avais envisagé les pires coups bas, sauf celui-là qui, de toute évidence, n'est même pas dirigé contre moi. Dès lors, Polony pourrait m'offrir sa poitrine maximisée par l'imminence de son septième accouchement, Aymeric Caron pourrait sortir des photos de ma sœur dans les bras de Guillaume Peltier, plus rien ne m'importe excepté cette foutue goutte de sueur que je sens prendre son temps avant de descendre la piste de mon front, puis s'appesantir une plombe au coin de ma narine gauche pour finir bêtement stagnante au-dessus de mes lèvres cousues par ce cocktail de colère et de honte. Je vois des visages flous qui me parlent. Je vois surtout le mien, luisant, sur les écrans géants. Puis je regarde ce verre de bière qui tremble entre mes doigts, j'aimerais plonger dedans, me cacher dans son écume, faire la planche sur ses bulles. Mais, tout comme le copéïsme appelle le lepénisme, la sueur enfante de la sueur : on part avec un front qui brille et on termine la gueule enduite de gel intime. Avant d'avoir bredouillé une réponse, je suis bon pour le bêtisier de Noël. Ruquier me parle entre les gouttes, mais je n'entends que mon cœur battre… en retraite. Dommage, à ce que je sens confusément, Polony n'est pas l'ennemie de mon deuxième livre. Et Caron me sourit. Ils ont envie de jouer avec moi, mais je n'ai plus de raquette. Leur invité, réputé pour sa grande gueule, est sur le point de déclarer forfait pour cause de blessure narcissique. Puis-je quitter le plateau comme on quitte un terrain de tennis sans

aggraver mon cas ? On me prête un Kleenex. Le public ricane. Pourquoi ? Je comprends que des fragments du Kleenex se sont accrochés dans ma barbe humide. Pathétique. J'enlève ma chemise. Le public s'esclaffe. Je les hais. Me voilà suintant, désarmé, nu sous ce tee-shirt-marinière trop large que je ne porte que pour dormir. Même Polony semble peinée par l'agonie de ma prétendue verve. Ils s'ennuient dans mes yeux vides. Ils attendent que je revive. Ruquier a beau soigner le malaise à coups de plaisanteries bienveillantes, ce sont autant de pelletées jetées sur mon cercueil de flotte. J'étais censé être brillant, je ne suis que luisant. Surgit alors une assistante qui, telle une mère, me tend quelque éventail d'infortune. Je brasse de l'air devant des millions de gens. Mais, petit à petit, une maigre partie de mes neurones ressuscite. J'ai perdu la partie, mais je jouerai les derniers points. Natacha me faisant la pitié d'une dernière passe d'armes, Caron se force à rire de mes escarmouches tardives. Remonterai-je le cours d'une rivière de laquelle je sors trempé ? Non, mais je fais semblant de m'amuser un peu. La comédie de la comédie. J'y suis très encouragé par les longs extraits de mon livre que lit Laurent Ruquier. Il semblerait que ce type ne me veut aucun mal. Ce qui n'est pas nouveau mais qui ne fut pas gagné. Car c'est peu dire que, sur le papier, nous n'étions pas faits pour nous aimer. Issu d'une famille nombreuse, il est né au Havre d'un père chaudronnier. Issu d'une famille heureuse, je suis né à Neuilly du père que vous savez. Sa vie privée, les hommes qu'il aime, ont toujours été tus par sa grande discrétion. Ma vie rêvée, les femmes que j'aime, ont été publiées aux éditions Robert Laffont. Sketch après sketch, il a foulé tous les barreaux de l'échelle du spectacle quand il m'a suffi d'une pièce pour être nommé aux Molière (mes années de galère, par faiblesse ou politesse, vinrent ensuite). Et pourtant, si – sur le papier – tout nous sépare, c'est nos papiers qui nous ont rapprochés. L'écriture. Encore et toujours. Nous sommes deux Blancs nés de l'humour noir. D'ailleurs, ce soir, le dos de ma marinière collé au fauteuil des tortures, je sors un petit texte, telle une bouée de secours à la fin de cette séquence aquatique. Quelques vannes griffonnées à la hâte, ce matin, au cas où. Le public se marre, à nouveau, mais avec moi. Je m'amuse presque pour de vrai. J'y décris justement l'angoisse des invités avant le passage à tabac.

J'ai fait mon petit tabac. Mais il est temps que je prenne une douche.

Minuit. De retour dans ma loge, je découvre dans l'œil pétrifié de ma blonde l'étendue de mes tracas. Ce n'est que de la télé, mais la seule chose qui nous ferait chier serait que je passe pour un drogué : la sueur, l'œil de veau, puis de biche, la bouche qui sèche, puis qui se fâche. Qui croira qu'un simple litre de Coca occasionne de tels dégâts ? Ravalant mes débris de fierté, je supplie la production de faire honneur à Jésus-Christ au moment du montage. On verra samedi soir.

--

Les ciseaux furent de mon côté. Ils ont coupé les plus grosses gouttes. Je suis passé – à tort – pour un garçon très vif. La détresse dans mes yeux m'aurait même conféré une certaine « profondeur ». Tricheur ! Quoi de plus ironique qu'un accueil chaleureux face à ce coup de chaleur. La semaine qui a suivi, grâce à ces deux émissions (et j'espère un peu au livre !), j'ai pris la tête des ventes. Premier sur un classement. Pour la première fois de ma vie. Comme un bain de jouvence après une douche brûlante.

Résultat : ma blonde, convaincue de sortir avec le meilleur, la ramène plus que moi. J'ai désormais quatre chevilles à faire dégonfler.

Couac ils disent…

Le romancier Nicolas Rey publie *L'amour est déclaré*, formidable roman de la gueule de bois qui raconte au fêtard triomphant de vingt-cinq ans ce qui l'attend aux urgences de la trentaine, bien après l'after, quand il aura brûlé son compte en banque, en niaque et en neurones : comment refaire (et revivre) l'amour sous Coca light quand on a déjà tringlé la moitié de l'Europe sous coke ; comment redresser une bite fanée par les tranquillisants et l'usage compulsif de YouPorn ; comment redire « pour toujours » à une énième princesse quand notre bedaine digère à peine 135 « plus jamais », un divorce et trois herpès conjugaux ; comment rejouer les rebelles littéraires chez Ruquier tout en mendiant chez son banquier un prêt immobilier qui permettrait enfin à notre carcasse – anémiée par l'excès de manque de confiance en soi – de roupiller en toute quiétude ; comment revoir des potes qui continuent à se détruire sans même remarquer le miroir qu'on leur tend par charité ; comment se remettre à écrire ce qu'on sait finir bientôt dans les poubelles de la Fnac ; comment refaire le jeune faux ténébreux quand de vrais ouragans ont blanchi nos cheveux, bref, comment re-tout quand on est la preuve vivante qu'il n'en reste pas grand-chose. (Réalisant soudain que mon résumé de ce livre est assez déprimant pour faire chanter du Barbara à la Compagnie créole, je m'empresse de préciser qu'on y sourit du début à la fin et qu'on y rit régulièrement, Nicolas Rey étant bien trop désespéré pour donner de la valeur à son propre désespoir. Françoise Sagan n'est donc pas morte, puisque Nicolas Rey revit.)

--

La chorale médiatique entonne en boucle l'« inédite série de couacs » engendrée par la gauche au pouvoir. À lire la presse, Jean-Marc Ayrault et ses petits cancres viennent d'inventer la dissonance gouvernementale et les annonces précipitées. Petit rappel : le 16 septembre 2007, Bernard Kouchner, alors ministre des Affaires étrangères de Sarko, explique qu'il faut s'attendre à une guerre avec l'Iran ; cinq jours plus tard, le Premier ministre, François Fillon, déclare qu'il est « à la tête d'un État en faillite » ; dix-huit jours plus tard, Fadela Amara, secrétaire d'État à la Ville, considère que les tests ADN pour les immigrés envisagés par son gouvernement sont « dégueulasses » ; le 5 novembre qui suit, Christine Lagarde nous raconte que, face à l'augmentation du prix de l'essence, le mieux serait d'« utiliser sa bicyclette » et, un mois plus tard, Rama Yade déclare (à propos de la visite à Paris de notre « ami » le colonel Kadhafi) : « La France n'est pas un paillasson. » Si on ajoute à ça l'enterrement express de la taxe carbone, les annonces contradictoires sur la fiscalité, les vacances tunisiennes d'Alliot-Marie, les conflits d'intérêts d'Éric Woerth et les cigares de Christian Blanc, on est peut-être en droit d'exhorter l'opposition à plus de modestie, et les patrons de presse à s'empiffrer de poissons, paraît que c'est bon pour la mémoire.

**

Les proches de Delarue se déchirent l'héritage en public. La veuve déballe, l'ex dézingue, le père déplore et une gamine cachée déboule. Mais ce qui me choque par-dessus tout, c'est que le principal intéressé s'obstine à garder le silence. À croire qu'il cautionne.

**

Enfin, je déménage. Adieu les cheveux bruns d'une Pom collés dans le lavabo, bienvenue aux mèches blondes dans les plis de draps neufs. Au passage, fuyant l'étiquette « bobo branché » du IIIe arrondissement de Paris, je largue le Marais pour les Grands Boulevards. Il était temps, me direz-vous : j'écris depuis deux ans dans un canard de gauche et voilà tout de même six ans que je n'ai pas croisé UN pauvre. À quoi ressemble-t-il, ce petit chenapan ? Quelles sont ses dernières fautes de goût à la mode ? Par quel stratagème farfelu parvient-il à ne pas payer son modeste loyer ? Vendredi, en sortant de mon immeuble blindé, je le retrouve avec plaisir, ayant fini par oublier ses singulières mauvaises manières : cette façon mutine d'uriner sa vinasse en plein air, d'exprimer l'enthousiasme que lui inspirent les seins de ma meuf en molardant sur mes Weston, de confondre son salon avec un carton devant le métro Strasbourg-Saint-Denis, de délaisser les salades bio au profit d'un savoureux kebab de cochon cancéreux et d'afficher sans honte ses origines turques, voire marocaines.

Le problème, c'est que, deux jours plus tard, Benjamin Biolay, Mélanie Laurent et Romain Duris décident de me suivre dans le Xe. Le problème, c'est que, trois jours plus tard, ils sont rejoints par Lou Doillon, Florian Zeller et Philippe Starck. Aussitôt, le prix du mètre carré a triplé, faisant fuir mes bougnoules pittoresques. D'ailleurs, quatre jours plus tard, The Kooples, Costes et Colette ont ouvert sept boutiques. Résultat, en l'espace de dix jours, mon quartier populaire est devenu *the* « place to be » des tarlouzes à rayures et des DJettes à frange.

Décidément, je porte la poisse.

—

Sur ma lancée, je me sens presque mûr pour emménager avec quelqu'un… en plus de moi. Après réflexion, j'opte pour ma fiancée (ma mère étant déjà en couple). Mais je n'ose pas le proposer à la future « engueulée du matin ». La vie à deux : sauterai-je le pas ? Et, une fois le pas sauté, sauterai-je encore la fille ? Il semble qu'elle en doute, puisqu'elle s'entête à remettre dans son sac les petites culottes que je range en douce dans mon dressing. Sourde à mes clins d'œil, elle me met des vents d'emménagement. Probable qu'elle soit missionnée par toutes celles que, dans le passé, j'ai laissées sur le palier. Tant pis pour elle, elle aura traversé ma vie sans même connaître l'enfer.

La liste de mes ennuis

Sans sourciller, je regarde l'« amour » me faire passer pour une lavette :

1. Ce matin, pauvre de moi, je me suis surpris à installer la bouilloire dans le salon pour que ses pieds – que j'aime beaucoup – ne se gèlent plus la plante sur le carrelage du couloir en allant à la cuisine se faire chauffer du thé – ce thé vert dégueulasse dont elle m'abreuve chaque fois que des souvenirs récalcitrants me rapprochent du whisky.

2. Hier soir, j'avais déjà poussé la mièvrerie jusqu'à placer un gobelet (trois fois plus joli et plus cher que le mien) sur le rebord du second lavabo.

3. Dans le gobelet, le soir même, elle a retrouvé le dentifrice Colgate Max White qu'elle utilisait aux États-Unis, du temps où un « forcément connard » osa me précéder dans son passé.

4. La veille, j'avais précisé au peintre qui colore mon salon de choisir un bleu-gris « pas trop masculin », de peur qu'elle se sente locataire d'une énième garçonnière.

5. Et je ne parle pas de la semaine dernière, quand j'ai compté le nombre de clopes qu'elle avait écrasées dans le cendrier – que j'avais posé sur SA table de chevet (trente fois plus jolie et plus chère que la mienne) – et que j'ai débuté mon deuil face au cancer de sa gorge

– que j'aime beaucoup – qui l'emportera peut-être dans un futur trop proche. (Je note, au passage, que c'est la première fois de ma vie que j'ai envie de rester en vie.)

6. Ce matin-là, pour finir, j'avais couvert de compliments ses trois meilleures amies en espérant qu'elles l'encouragent à m'excuser d'avoir, l'année dernière :

1. balancé une bouilloire dans la gueule de mon ex,
2. pissé dans le gobelet en plastique dont je daignai lui faire l'offrande,
3. terminé son dentifrice pour économiser le mien,

et 4. incité cette martyre consentante à boire et à fumer afin qu'elle accepte en silence que je tapisse mon salon à coups d'orgasmes infidèles recueillis entre les jambes de ses trois meilleures copines.

Voilà pourquoi mes amis me demandent :

« Serais-tu devenu gentil ?

– Mais non, bande de crétins, il y a juste que mon cœur – sous l'emprise d'une terrible substance féminine – réclame très égoïstement, et ce, plusieurs fois par jour, son sourire addictif. Quant à moi, pauvre de moi, je ne suis que le cobaye d'une expérience sentimentale. »

--

Chroniquer dans *Marianne* n'est pas sans inconvénients…

1. Il faut lire *Marianne*.

2. Les gens de droite (en général) vous demandent des comptes sur les goulags staliniens, les crimes maoïstes et l'homophobie castriste.

3. Les prosarkozystes (en particulier) tentent régulièrement d'écrabouiller votre cervelle contre le pare-chocs

de leur 4 × 4, alors que la rédaction de *Marianne* nous interdit formellement d'embellir un engin aussi néfaste pour l'écologie.

4. Les gens de gauche (en général) vous demandent le numéro de portable de Jean-Marc Ayrault, que, perso, je ne composerais que la nuit où je manquerais de Lexo.

5. Vos amis écrivains vous reprochent le méchant papier qu'ils ont lu, trente pages plus loin, sous la plume d'un critique littéraire que vous n'avez jamais croisé.

6. Certaines « victimes » de vos chroniques ressortent miraculeusement de la poubelle des faits divers dans laquelle notre amnésie les avait gentiment balancées. La preuve avec Tristane Banon qui, ce matin, me gratifie d'une furieuse lettre ouverte – ouverte sur le vide – dont la dérisoire planète Web fait son fiel.

« Ne réponds surtout pas, me soufflent mes amis, elle bouffe les miettes de ta promo comme elle surfa jadis sur les sanglots d'une femme de chambre. »

Sauf que m'y voyant traité de « misogyne », puis de « sale fils de… » puis, cliché moins fréquent, de « cocaïnomane », je refuse de céder les derniers mots à une charmante jeune femme qui s'en sert aussi mal. Ma réponse : « Tristoune, si tu me croisais le vendredi soir, voyant que je suis déjà bien trop bourré pour manipuler la paille qui vacille dans mon verre, imagine l'habileté qu'il me faudrait soudain pour me la foutre dans le nez ! »

Plus sérieusement, si tant est que ces buzz de ploucs méritent davantage qu'un rot : le problème de Banon, c'est que, non contente d'avoir attendu sept ans avant de porter plainte contre Dominique Strauss-Kahn, la voilà qui répond à une de mes chroniques publiée en septembre 2011 ! Moralité : si elle se déshabille aussi lentement qu'elle réagit aux vannes, c'est une incitation au viol.

--

Obama devient, pour quatre ans de plus, le président de… trop de gens. Quand je pense que cet homme, par un miracle arithmétique, parvient à relier sous la bannière étoilée :

1. les lunettes en écaille de Woody Allen à la petite culotte en sucre de Paris Hilton,

2. le pinceau d'Andy Warhol à la crotte calcinée du cheval de John Wayne,

et 3. le sourire lumineux de Meryl Streep à la grimace simiesque d'un chasseur mormon…

Je m'agenouille devant le messie, mais je ne m'étonnerais guère que, en étant obligé de blanchir aussi bien les torchons que les serviettes, la machine à laver finisse par s'essouffler.

--

Je viens de commander une paire de mugs pour son thé vert… Pourvu qu'ils lui plaisent.

Tristes fêtes

Les grands magasins, sourds à l'appauvrissement croissant des ménages, ont décidé de maintenir ces foutues fêtes de Noël. Dealers de kif ruineux ! Mitrailleurs de porte-monnaie ! Plus d'un mois avant l'apocalypse du 25 décembre, leurs vitrines poussent l'offense jusqu'à se peupler de nains aguicheurs (clin d'œil flagrant au cynisme sarkozyste), de guirlandes criardes, de peluches surpoilues et autres saloperies multimédias inutilement divertissantes. Messieurs, votre calendrier de l'avent n'est qu'une bombe à retardement pour les foyers en berne ! Du coup, dans la rue, j'observe les mères de famine mettre une main devant les yeux de leurs bambins trop curieux, laisser pousser jusqu'au menton la frange des écolières, encagouler leurs désirs afin qu'elles restent plongées dans l'économe obscurité. Certaines chômeuses, pourchassées par les soldes, font zigzaguer leurs poussettes entre les tentations, freinent brutalement face aux publicités Mattel, provoquant des carambolages d'« areu, je veux ça ! ». Une amie de ma mère, proche de François Hollande et néanmoins fauchée, aurait même supplié ce dernier de faire grimper l'âge limite de l'avortement aux embryons de plus de quatorze ans, préférant euthanasier son fils que de se voir lui refuser la nouvelle PlayStation ! Pendant ce temps-là, en Laponie, l'Association mondiale des pères précaires a entamé la traque de cette enflure de père Noël, ce détrousseur de bourses qui jubile au pôle Nord pendant qu'on boit la tasse Mickey. Pour l'heure, aucune trace du vieux barbu, mais plusieurs de ses lutins ayant d'ores et déjà été torturés, les couilles pincées dans un casse-noisettes et privés de dinde jusqu'à janvier, ils finiront par se mettre à table ! Quant aux rennes du père Connard, ils sont – depuis ce matin – disponibles sur l'étalage « spécial Noël » des boucheries chevalines. Bien fait ! Pour ma part, hier soir, j'ai pris ma voix de velours côtelé et j'ai dit à ma fiancée : « Fais-toi belle, mon amour, je t'invite à dîner, j'ai quelque chose à t'annoncer. »

Une heure plus tard, alors qu'on savourait ce tête-à-tête (ainsi qu'une généreuse barquette de frites) au McDonald's du boulevard Poissonnière (pour moi, rien n'est trop beau pour elle, tant qu'elle reste modeste), j'ai sorti de ma poche un ravissant boîtier Cartier négocié sur eBay. Aussitôt, des larmes ont fait luire ses yeux bleus comme un steak pas cuit.

« C'est pas vrai…, me dit-elle, fricassée par l'émotion.

– Ouvre, mon ange, lui dis-je. Ce qu'elle fit, en tremblant son nuggets dans la sauce barbecue.

– Qu'est-ce que c'est ? me dit-elle.

– Un stérilet.

– Comment ?

– Tu ne me pondras un héritier que lorsque Hollande aura relancé la croissance. En attendant, tes ovules seront – comme nous – au régime grec. Si tu voulais un Bedos III, fallait me mettre le grappin dessus pendant les Trente Glorieuses. Désolé, mais ce soir, nous nous contenterons donc de faire l'amour pour le plaisir. »

—

Hier encore, après seulement quelques semaines de gouvernance socialiste, le journal *Le Point* titrait « Le grand méchant doute » au-dessus de la photo d'un Hollande liquéfié ; pendant que *L'Express* affichait « Y a-t-il vraiment un président en France ? » au-dessus de la photo d'un Hollande littéralement carbonisé par son inaptitude. Sauf que, ce soir, le « fébrile », le « mou », le « dépassé », le si « pâle » incapable vient, si ce n'est de danser des claquettes, du moins de chanter presque juste au grand cabaret de sa conférence de presse.

« J'ai rien fait ? Faux », « Je sais pas où je vais ? Faux », « C'était mieux avant ? Pas vraiment », « Où on va ? Par là », « Comment je vais faire ? Comme ça », « Qui commande ? Moi », « Je vous emmerde ? Un peu », « Allez vous faire foutre ? Ce serait mieux. »

Du coup, cette nuit, le virulent Philippe Tesson ravale un peu son fiel et souhaite la bienvenue à cet « enfin président » tandis que mon ami Giesbert, qui a tendance à faire commerce d'une hâtive déception, ne peut que saluer la reprise élyséenne. Bref, je ne sais pas si le gouvernement a vacillé de couac en couac, mais – ce soir – ce serait plutôt la presse qui tangue. Cette presse qui s'empresse de nous presser le citron. Que ne ferait-elle pas pour mieux vendre son feuilleton ? Des viols de DSK aux retours de Sarko en passant par le naufrage socialo, ces analystes de renom sont devenus plus outranciers et mythomanes que je ne l'étais. Mon ancien job a de l'avenir.

—

Il semblerait que je ne sois pas l'unique amoureux de France : dans un reportage diffusé à la télé belge, Arnaud Lagardère exhibe sa passion pour Jade Foret, un Himalaya de silicone dont le regard reste brumeux, même quand ses doigts de pied taquinent le sable chaud. Après une séquence hilarante où la belle-mère du milliardaire lui fait remarquer – devant nous ! – qu'il bande dans son jeans, ce à quoi il répond brillamment : « Je vais pas me la couper ! », le patron d'EADS, du *Journal du dimanche*, de *Paris Match*, *Elle*, *Télé 7 jours* et *Europe 1*, décide – devant nous ! – d'offrir une Porsche à sa poupée. Quelques semaines après que les entrepreneurs « pigeons » ont fait pleurnicher Hollande en minaudant leur désarroi face aux réformes fiscales, pas sûr que la sitcom du « fils de » Lagardère ne leur fasse pas perdre quelques plumes. « Et alors ? me diront-ils, on va pas se la couper ! »

--

Ce matin, mon amoureuse a daigné ranger l'une de ses petites culottes dans un tiroir de ma penderie. Après deux longues semaines de dressing séparé, serait-ce un pas vers le mariage ? Je ne me suis pas senti aussi flatté depuis mon obtention du BEPC. Depuis, je guette fébrilement l'arrivée de sa première paire de chaussettes, à deux pas et trois caleçons de mes chemises. Je sais qu'il ne faut pas se bercer d'illusions, mais sachez que sa brosse à dents sera mon couronnement.

Ma lettre au père Noël

J'apprends par l'AFP qu'après avoir mis fin à la carrière d'Audrey Pulvar, Montebourg met fin à leur liaison. Je t'avais prévenue, Audrey : à force de vouloir prouver à ceux d'en face ton indépendance vis-à-vis de ceux en place, tu as fini, bien malgré toi, par voter contre vous deux ! Preuve qu'on ne peut pas avoir le cœur du ministre ET la peau de son gouvernement. Carla Bruni l'a bien compris, préférant enterrer sa carrière que son mariage.

Pauvre Audrey. Accusée de connivence par la droite et de déloyauté par la gauche, elle y aura laissé bien des plumes, à commencer par celle qu'elle tenait dans *Les Inrocks*. Ajoutée à son éviction de France 2, c'est cher payé l'idylle. Pour le coup, je me range volontiers du côté des ayatollahs féministes quand elles disent que le public aurait été moins soupçonneux si cette brillante journaliste avait possédé, en plus de ses diplômes, une bite et un costume-cravate. Voilà pourquoi j'exhorte toutes les chroniqueuses vedettes à se suturer le vagin à l'approche d'un ministrable. Des vibromasseurs – de toutes les couleurs politiques – vous seront distribués en période d'élection. Bien sûr, il vous restera toujours la possibilité de vous accoupler avec un anonyme, mais pour une diva des médias digne de ce nom, n'est-ce pas là une forme impure d'onanisme ?

--

Cet après-midi, la petite Chloé, kidnappée dans le Gard, a été retrouvée intacte dans le coffre d'une voiture près de Strasbourg. Sur les photos publiées par la presse et youporn, elle est belle comme le jour ; des yeux clairs et malicieux ; des lèvres ourlées ; un buste élancé insinuant de longues jambes ; bref, si j'avais été son ravisseur, je ne l'aurais pas rendue. En tout cas, pas si vite. Entre nous : quel gâchis !

--

Cher petit Papa Noël, cette année, j'ai été très sage, très généreux et très gentil avec tout le monde :

– Avec le fisc, en votant Hollande deux fois malgré mes hauts revenus (suicide ou charité ?) ;

– avec mon père, en lisant les treize publications annuelles de son ami Michel Onfray (quand certains doivent engager des nègres pour écrire, d'autres nécessitent qu'on engage des nègres pour les lire) ;

– avec ma mère, en la confisquant à mon père plusieurs fois par semaine (mon nouvel appartement ne va pas se meubler tout seul, vu que ma fiancée se contrefiche de la déco) ;

– avec les gens faibles. Notamment les femmes (puisque, chaque nuit, j'invite l'une d'elles à partager mon lit et que je l'aime comme mon égale) ;

– avec les enfants, en m'abstenant de lui en faire un avant qu'on soit vraiment adultes ;

– avec les Coréens, en libérant mon ex de mes geôles passionnelles ;

– avec les Marocains, en enrichissant de mon plaisir la piscine de leurs hôtels ;

– avec le cinéma français, en piquant un rôle à Édouard Baer (ce génial dandy de chez Castel déguisé en chat noir de la comédie ringarde)…

Bref, j'ai été très sage, c'est pourquoi, cher Papa Noël, cette année, j'aimerais que tu m'offres une superélection des primaires à l'UMP, un joujou extra à l'issue duquel Jean-François Copé revendiquerait crânement sa victoire avant même de consulter son adversaire et la commission de contrôle interne, obligeant François Fillon à revendiquer la sienne quelques minutes plus tard (oh oui, ce serait trop cool !). Et comme j'ai été TRÈS gentil, j'aimerais que le lendemain – sous mon sapin – la commission ne les départage que de 98 pauvres voix (pas davantage !), coupant leur foutu parti en deux, mais comme j'ai vraiment fait preuve d'une sagesse redoutable, le must serait que tu m'offres, trois petits jours plus tard, un nouveau coup de tonnerre en contraignant Fillon à contester la commission de contrôle, lui reprochant d'avoir favorisé Copé, par exemple en oubliant de comptabiliser le suffrage des bamboulas d'outre-mer ! Si je te jure d'être gentil jusqu'en 2017, tu feras ça pour moi ?

En te remerciant d'avance, le petit Nicolas.

––

Le lendemain, je reçois ça dans une enveloppe de neige :

Cher Nicolas Bedos,

J'ai bien reçu votre lettre, qui m'a d'abord donné l'envie de vous offrir un Bescherelle, histoire d'épargner aux lecteurs de vos livres autant de vos fautes grammaticales. Cela étant dit, je note que vous me commandez le fiasco de l'UMP. Demain, vous constaterez que j'ai accédé à votre requête, non pour récompenser vos prétendues vertus, mais pour la simple et bonne raison que j'ai reçu la même lettre de la part de Marine Le Pen, Jean-Louis Borloo, Nicolas Sarkozy, l'Association des royalistes vendéens et plusieurs groupuscules néonazis qui, tout comme vous, se réjouissent de recevoir ce matin mon gros cadeau empoisonné. Constatant que la France semble se complaire dans le suicide démocratique, c'est en sifflotant que je regagne mon pôle Nord, vous laissant mariner dans votre Pôle emploi.

Bien à vous,

Le père Noël

--

Copé est peut-être un voyou, un meurtrier de civisme, un remède à l'indulgence, un chasseur de têtes frontistes, un apôtre d'une droite décomplexée maquillant difficilement ses complexes d'extrême droite, un chauve aux idées mal peignées, une vieille anguille se faisant passer pour un jeune requin, un nouveau riche du pouvoir préférant commander sur un radeau que de servir sur un yacht, une verrue sur le front de mes amis de droite, bref, Copé est peut-être Copé… Toujours est-il qu'il vient de convaincre la moitié des militants UMP de voter pour lui. C'est pourquoi, dimanche, je propose à la droite républicaine de manifester contre le mariage de ses propres militants. Nom d'un cul chrétien, ces gens ne sont pas faits pour se reproduire, sous peine d'enfanter des embryons fascistes. Sinon, à ce train-là, pourquoi pas les pédés ?

Dialogue historique avec ma blonde

« Je ne m'ennuie jamais avec toi.
– Moi non plus.
– Non mais je veux dire : JAMAIS !
– Moi non plus.
– C'est énorme, tu sais.
– Oui, c'est considérable. Tu es la plus belle invention depuis l'iPhone 5. »

Indolence insulaire

En vacances quelques jours aux Antilles, je croise malencontreusement un banc de touristes normands, dont une commère aux hanches guadeloupéennes mais à la face flambée par un soleil antiblanc.

« Ah, d'accord, me dit-elle, c'est du propre ! Les chroniqueurs de gauche se la coulent douce dans les îles pendant que la France se déchire ?

– Oui, mamie, d'autant que c'est la droite qui se dévore. La France, elle, crève la dalle dans un silence strident. Dans tous les cas, me les peler à Paris ne sauvera pas les finances, excepté celles de mon chauffagiste. D'autre part, si j'étais vous, je remettrais de la crème solaire, car j'ai l'impression de parler à un boudin créole.

– Me la faites pas, à moi, Bedos, vous êtes venu fêter la déroute de l'UMP !

– Pas du tout, truie en tongs, la seule chose que je fête ici, c'est la prolongation du bonheur de ma blonde. Et vu qu'il y a peu de chances pour que Jean-François Copé parvienne à me la chourer à coups d'élection frauduleuse, permettez-moi de garder le sourire. Sinon, ça vous fait quoi, d'être plus collante que le sable ?

– Vous pouvez me jurer que vous ne vous moquerez plus de notre parti dans le journal ?

– Juré, dis-je, en crachant volontiers sur son front d'écrevisse, voilà des années que je fais becqueter à don Copé des chroniques au plutonium. J'ai commencé à l'étriller quand il avait encore des cheveux (et un reste de dignité). Résultat : j'ai pissé dans douze violons et quatorze contrebasses. Aujourd'hui, croyez-moi, ma vessie est à sec. Achetez la presse tranquille : vous n'y subirez que le récit de mes vacances. »

La preuve :

Sur la plage, près du bar, un petit monstre de douze ans s'est emparé du Cornetto au chocolat de sa sœur. La gamine a beau couvrir de ses chialeries l'infâme bande-son électronique imposée par l'hôtel, son aîné se refuse à lui rendre et continue à lécher son butin d'enfant buté en la regardant droit dans les yeux. Le barman s'en mêle.

« Kevin, rends la glace de ta sœur.

– Non, répond la tête de mule, c'est la mienne, je la garde. »

La mère, qui, depuis le début des vacances, regrette ce jour maudit où elle décida d'arrêter la pilule, s'approche de son fils.

« Kevin, ça suffit, rends cette glace à ta sœur, t'en as déjà mangé deux, je t'en achèterai une autre ce soir !

– Je te crois pas, marmonne-t-il. Si je lui rends, tu vas me punir, et j'en mangerai plus jamais !

– Si, mon chéri, je te jure, on discutera ensemble de ton rapport au sucre, et, si tu me promets d'être gentil avec Chloé durant les quatre prochaines années, t'auras le droit de me demander une autre glace, si tant est qu'elle soit moins grosse, vu que tu bouffes beaucoup trop vite et qu'après t'as mal au ventre.

– Non, j'ai faim ! Tout de suite ! » dit-il, en attaquant le cornet avec ses dents de marcassin.

La gamine, aussi lourde en victime que son frère en bourreau, redoubla de sanglots. Le père, qui s'était jusque-là retiré des affaires familiales en plongeant son regard torve dans un *Voici* périmé, vint donner de la voix.

« Kevin, mon garçon, lâche un peu cette foutue glace au chocolat, ta sœur dit que c'est la sienne, approchez-vous de papa, donnez-vous la main et trouvons une solution…

– Je t'emmerde, toi, dit le monstre, de toute façon t'es jamais là, tu m'as jamais rien offert, maman dit que t'es un naze, t'es même pas foutu de garder ton boulot, alors te mêle plus de nos affaires ! »

S'ensuivirent des paires de baffes tous azimuts, le père giflant le fils qui tenta de gifler sa mère pendant que je me chargeais de la gamine afin qu'elle cesse enfin de beugler !

La glace, quant à elle, échoua sur le sable, avant de fondre au soleil. Seules quelques fourmis, sourdes aux conflits des hommes, se léchèrent les babines – et c'est à ce moment-là que je crus les entendre murmurer : « Regardez-moi cette bande de cons, on se croirait à l'UMP. »

--

N'ayons pas peur des mots : Gilles, notre guide, est un génie. Ce Guadeloupéen d'une soixantaine d'années, ancien employé de Fram reconverti en taximan, merveilleux produit de l'indolence insulaire, manie si bien la langue française qu'il en fait frissonner mon clito lexical. En quelques minutes, ce fut un tel festival d'inventivité verbale que sa vieille carlingue se transforma bientôt en Lamborghini d'astucieuses métaphores, de rhétorique blagueuse et autres formules hors de prix. À propos d'un restaurant, il lança à ma belle : « Ce soir, votre langue de chatte vivra sa petite vie toute seule… Laissez-la chanter dans l'assiette. » À propos du Club Med dont nous venions de réchapper : « Ici, le bonheur est une injonction : gare à celui dont le sourire flanche ! Il sera fusillé sur la piste de danse… » À propos de Paris : « Oh, je suis bien trop vieux pour combattre le froid… Même l'été, j'y grelotte d'ennui. »

N'en pouvant plus d'admiration, j'osai lui demander pourquoi un tel talent n'avait commis aucun roman : pourquoi donc gardait-il jalousement son trésor ? Il éclata d'un rire superbe, avant de me répondre, sans la moindre coquetterie : « Mais pour quoi faire, mon bel ami ? Je me délecte bien assez du magot des anciens. La seule question, c'est : Pourquoi ferais-je couler mon minable ruisseau dans un océan que je n'ai pas fini de traverser ? Je sais qui vous êtes, vous savez, vous êtes le type de la télé. Vous, vous écrivez, vous jouez, vous déclamez, vous voulez nous montrer toutes vos acrobaties. Mais vous avez peur, si peur, je le vois dans vos yeux, vous ne cessez d'avoir PEUR. Quand je lis au soleil, vous écrivez dans la grisaille. »

Enculé de Nègre.*

* *En rendant ce petit hommage à celui qui, depuis, est devenu l'un de mes précieux correspondants, je ne pouvais pas franchement prévoir que le collectifdom*

(obscur groupuscule antillais) m'attaquerait en justice pour, je cite, « Injure raciale caractérisée et incitation à la haine raciale ». Je ne ferais pas long sur ces accros de la procédure qui, ne sachant pas lire, veulent nous apprendre à écrire. Car ce n'est pas à toi, lecteur, que j'ai besoin de rappeler le degré zéro du second degré. Seulement, pour la petite histoire, sache qu'à chaque plainte de ce genre déposée – aussi farfelue soit-elle, et j'en fais collection – on me convoque plusieurs fois dans les sombres bureaux de la police judiciaire du XIIIe (ce qui est, en soi, une punition). Là, un agent ayant lui-même d'autres matous à menotter me pose diverses questions sur la nature de mes intentions : La loi l'oblige ainsi à me demander si je ne suis pas « raciste », « si j'appartiens à quelques groupes fascistes », si je reconnais le caractère « discriminatoire » des termes employés, si personne ne m'a « forcé » à écrire ce texte « délictueux » et, pour finir, s'il serait « possible de prendre une p'tite photo pour Sandrine, ma belle-sœur qui vous aime bien » (sous-entendu « malgré tout »). En sortant de cette matinée gâchée, j'ai à mon tour très envie d'attaquer toutes ces associations merdeuses qui, de plus en plus, se font de la pub sur le dos des amuseurs. Autant de temps et de buzz perdus pour la lutte contre l'essor d'un lepénisme moins fictif.

Un voyage en Chirac

Ce matin, en gerbant mes souvenirs balnéaires sur le tarmac verglacé d'Orly Ouest, je m'interroge soudain : Lecteur, pour quelles obscures raisons met-on un terme à nos vacances ? (Étant d'humeur poète, je n'accepterai aucune réponse d'ordre bassement financier.)

En effet, de retour des Antilles dans ce pays glacé dont Charles Trenet eut le culot de chanter la douceur, j'ai failli me jeter sous les roues de l'avion qui venait de me larguer. Car, en l'espace de trois minutes, ma peau bronzée se mit à peler comme du sperme séché sur la paupière gauche d'une maîtresse conservatrice. Nom d'un cul créole, la crise financière aurait-elle un impact sur la température ? Même la neige contourne Paris, tant elle craint de finir en larmes.

Sur le plan personnel, ce ne fut guère plus chaleureux : ma précieuse fiancée qui, la veille, déguisée en nudiste, fredonnait du Jean Ferrat sur une plage d'autochtones oisifs, enfonçait désormais ses ongles sur l'application bourse.com de son portable, vitupérant contre la « feignasserie » d'un pays sursyndiqué. En troquant son boubou contre un bonnet en cachemire, elle me proposa de « déjeuner » samedi en huit, dans un self-service, au soixante-dix-huitième étage d'une tour de la Défense, avant de me tendre sa moufle en guise de baiser. Mais qui est donc cette femme qui, en changeant de fuseau horaire, oublie Bob Marley dans les bras de Bill Gates ?

Tout seul devant le tapis de bagages, je me branchai sur France Info. Et là, trente secondes après que j'ai entendu un salarié de Mittal comparer Jean-Marc Ayrault à Laurence Parisot, Médiapart révéla que le ministre du Budget de gauche aurait caché un compte secret en Suisse, m'apprenant sur le tard que les socialistes ne travaillent plus bénévolement. Comment ?! Possèdent-ils, eux aussi, des ex-femmes coûteuses, plusieurs cartes godes et une morale douteuse ? Trois heures d'embouteillage plus tard, j'accédais au grand concert des Klaxon parisiens – festival électro qui ne connaît aucune rave ; comme j'assistais sans moufter à l'échange de mollards entre mon chauffeur de taxi d'origine odieuse et son cousin germain – un chauffeur de bus d'origine injurieuse –, j'en conclus que Delanoë poursuivait obstinément sa campagne publicitaire en faveur des deux-roues, tous ces impatients du guidon qui poussent le patriotisme fiscal jusqu'à couler, bien avant soixante ans, leurs vieux jours de retraite dans un caveau du Père-Lachaise.

--

Une fois chez moi, j'ai étouffé quelques sanglots dans une carte postale représentant une madone martiniquaise aux triples seins percés, j'ai branché mon chagrin sur Radio Cocotiers, puis j'ai fermé les rideaux, puis mes yeux, puis mon cerveau, vidé trois bouteilles de rhum, étalé de la crème solaire sur mon corps frigorifié, glissé mon oreille dans un coquillage, et là, miracle : Goûterais-je enfin le bonheur de me transformer en

Jacques Chirac ? Imaginez le panard : pas une pensée à l'horizon, pas l'ombre d'un remords, pour cause d'aucun souvenir, excepté quelques culs de vaches et celui – spectaculaire – d'une fidèle peau de vache sur lequel il est si bon de poser ma calvitie. Ce soir, je suis si bien… Je nage sans brassards dans une défonce légale. Ce matin encore, j'étais persuadé d'avoir quatorze ans et demi, et ce soir ils me jurent tous que j'en fête quatre-vingts. « JOYEUX ANNIVERSAIRE, monsieur le Président. » Merci beaucoup… Mais qui êtes-vous ? Qui sont-ils, au juste ? L'un d'eux s'approche et se présente comme le maire de Bordeaux. Ah, c'est joli, Bordeaux. Comme toutes les capitales du Venezuela, et moi j'ADORE les arts premiers. Il y a aussi Jean-Louis Debré. Bonjour. Je ne sais pas qui est ce monsieur, mais il est TOUJOURS là. Tout à l'heure, j'ai fait pipi sous moi, mais c'était sur lui.

Il y a aussi François Baroin, qui ne cesse de me rappeler que je l'ai connu tout petit : alors comment expliquez-vous que j'aie envie de l'appeler « papa » ? Faut-il qu'il soit gâteux pour se prétendre « jeune » avec une telle cravate. À vrai dire, je ne l'écoute plus, tant je reluque Alliot-Marie. J'ai toujours eu un faible pour cet homme en jupette, tellement j'ADORE les arts premiers. J'aimerais bien lui glisser un cendrier dans le nez. Alliot-Marie, je voudrais la sculpter dans une matière fécale bovine. Combien de temps lui faudrait-il pour sécher au soleil ? Nous sommes une belle tribu. Dansons sous les drapeaux ! Ingérons l'Afrique ! Grattons nos peaux éléphantesques ! Je leur souris à tous, je leur concède mes yeux d'enfant.

Autour des quatre-vingts bougies (dont je ne soufflerai que les quatorze premières, eu égard à l'âge que moi je sais que j'ai), ils me rendent mes sourires, mais les leurs sont tout crispés. Aussi crispés que ma femme quand je lui ai fabriqué Claude. Avant que Claude ne devienne ma femme. Je fais des épouses aux épouses. Comme les chefs amazoniens. Quel tribut ! Dommage que leurs sourires s'effacent chaque fois que je bave ! N'ai-je plus le droit d'expectorer un mépris réminiscent ? Se font-ils du souci ? Pourtant, je vais très bien. J'ai envie de TOUS les baiser. TOUS. Un par un. Tous. Sauf quand ils parlent de l'UMP. Et Dieu sait qu'ils en causent ! Qu'est-ce au juste, que cette chose ? Je ne supporte plus les initiales. Quelles sont les miennes, déjà ? J.-C. Comme Jésus-Christ. Et Jacques Chirac. Chirac, je m'en souviens.

Je ne peux pas être lui. Pas Jacques Chirac. Non, c'était un vieillard de droite. Et je suis un jeune centriste. Chirac. Ce nom me rappelle trop d'histoires tristes : Giscard, mort ; le RPR, mort ; Nicolas Sarkozy, si seulement… ; les HLM de Paris ; Juppé. Villepin. Copé. Fillon. Ah oui, Fillon. Oh non. Je les remets tous, d'un coup, et ça me fait mal au fion. Ils ne sont pas de ma tribu. Je ne peux pas être Jacques Chirac, car si j'étais lui je serais le grand-père de cette fameuse UMP dont ils me racontent l'enterrement… Et moi, je suis vivant. La preuve, j'ai quatorze ans.

--

Qu'il était bon, ce rhum. Demain, je voyage en Chevènement.

--

Il fallait bien qu'elles se rencontrent. Pourtant, j'ai joué la montre : Le 24, je suis allé à l'Opéra pour ne pas qu'elles se croisent. Le soir du 31, repoussant le combat de moues sans choisir l'une plutôt que l'autre, je l'ai passé seul, célibataire ET orphelin, devant Patrick Sébastien. Mais il fallait bien qu'un jour, ma mère et ma « copine » se crêpent le chignon blond. Le choc eut lieu en terrain neutre, sous le contrôle scrupuleux d'une délégation de l'ONU. Ma mère a commencé par un fielleux « Bonjour ». L'autre, qui ne se démonte jamais, a rétorqué du tac au tac un terrible « Enchantée ». Du coup, ma mère, n'ayant aucune raison de se faire agresser par une petite pouffiasse, a balancé l'inéluctable « Moi de même » qui ne pouvait qu'attiser un « J'ai beaucoup entendu parler de vous » que ma daronne a tout de suite paré en disant « J'imagine ».

L'autre, qui n'a de leçon à recevoir de personne, a demandé :

« Vous allez bien ?

– Et vous ?

– Ça va, merci. D'autant qu'il a fait très beau aux Antilles.

– Le contraire eût été malchanceux. Ce qui n'est pas votre cas : Vous êtes très jolie.

– Vous aussi. Enfin, vous êtes très belle. Je vous remercie.

– Je vous en prie.

– Voilà… et sinon, heu, non rien, tout va bien.

– Bien.

– (*Sourire…*)

– (*Sourire…*)

– À bientôt ?

– À bientôt.

– Ce fut un plaisir.

– Partagé…

– Moi de même.

– Je vous en prie.
– (*Sourire…*)
– (*Sourire…*) »

Bref, rien de sanglant, au final. On s'est juste emmerdés comme jamais. Une bonne baffe m'eût semblé, si ce n'est plus joyeux, en tout cas plus vivant. Mais que voulez-vous, dans certain conflit, on ne peut avoir à la fois la paix… et la franchise. Ayant les couilles ballantes juste au-dessus du tracé des frontières, je me contenterai donc de ce traité de non-agression.

Chronique d'un vieux con

Cette semaine, c'est décidé, je me fâche avec les jeunes. À commencer par mes amis que je me faisais une joie de retrouver vendredi soir. D'autant que la promo solitaire de mon livre – suivie par un séjour d'autorécompense créole – avait réveillé mon désir social.

Rendez-vous fut donc pris dans un troquet du Xe.

Il est 21 heures et la fièvre du week-end réchauffe une capitale éternellement pluvieuse. Ma fiancée est belle – pour ne pas changer. On n'a rien bu depuis des semaines et nous sommes requinqués, remplumés, remontés comme deux toxicomanes à la sortie d'une clinique suisse ou comme Gérard Depardieu passant la frontière belge ; bref, envie de partager, écouter, raconter.

Sauf que mes potes, fussent-ils journalistes au chômage, juristes en devenir ou comédiens dans le vent, semblent avoir troqué leur bonne éducation contre ce que j'appellerai le « modernisme comportemental ». Par exemple, en 2013, chacun prend ses distances avec la ponctualité, me privant de cette effusion groupée, ce lever de rideau que les auteurs dramatiques affectionnent. Là, ça débarque à contretemps, ça ne se découvre même pas, les entrées des uns se mélangent aux digestifs des autres. Puis tout le monde baise du regard son téléphone portable, dynamitant la moindre discussion cohérente, comme s'il fallait ajouter à la liste de ceux qui sont à moitié là une multitude d'absents. Du coup, les vedettes tacites du repas sont les interlocuteurs de l'ombre, ceux qu'« on pourrait retrouver plus tard », ou qui tardent à apparaître. Mes amis se picorent, par pudeur, paresse, stress ou indifférence. Quand on ajoute à cela que même les cendres de leur attention se dispersent plus volontiers sur leur voisin de tablée que dans le bol d'une conversation commune, même le discours oral se saucissonne façon Twitter.

Et moi, vexé comme un pou, j'assiste à un patchwork de saynètes superflues plutôt qu'à la grand-messe amicale tant attendue. En réglant l'addition, davantage par bravade que par tendresse, je réalise que personne n'a pris la peine de demander : « Au fait, comment ça va ? », « Et alors, ces vacances ? », « Et toi, ma Zoé, ton boulot, ça s'arrange ? », « Oh, mon Laurent, raconte un peu, de quoi ça traite, ton prochain film ? », « Et toi Nadia, dis-nous, est-ce qu'elle va mieux, ta fille ! » et autres politesses occises par ces mitraillettes mondaines. Je me surprends dès lors à regretter mes promos cathodiques, celles dont l'animateur est contraint de faire un tour de table et de considérer – ne serait-ce que deux minutes et sans grande conviction – l'actualité de chacun, offrant à tous les autres un bref voyage hors lui. Là, il ne se passe rien. On s'empile sans se toucher. Et je quitte le restaurant un peu plus seul qu'en arrivant. Se souviennent-ils seulement que le vrai salaire de nos succès, tout comme l'apaisement de nos échecs, c'est aussi le récit qu'on en fait à nos proches ? Or, à mesure que les bonnes manières se perdent, les proches s'éloignent doucement.

--

Deux jours plus tard, en attendant mon train dans une gare de province, la scission générationnelle était totalement consommée. En effet, moi qui rechigne toujours à jouer les vedettes philanthropes, laissant cette corvée à quelques faux culs désœuvrés, j'avais accepté de me rendre à Nantes – à mes frais – afin de parrainer – gratuitement – le concours d'éloquence d'une école de commerce – donc de droite – qui me tannait depuis des mois. « Pourquoi moi ? avais-je d'abord répondu à leurs quarante-cinq mails. C'est comme si une faculté de lettres classiques sollicitait le parrainage de Nadine Morano ! – Parce qu'on vous adore. » Bien. J'adore qu'on m'adore ; au moins, ces futurs commerciaux savent déjà se vendre auprès d'un vendu. Du coup, ce matin, dans ce TGV qui m'arrachait de la gare Montparnasse (et de la civilisation), je me persuadais que plonger mon boboïsme vieillissant dans un bain de jouvence provinciale dériderait ma plume. Car, même si les Nantais plébiscitent Jean-Marc Ayrault, cette ville n'est pas fatalement aussi chiante que son maire. Sauf que, décidément, il pleut sur Nantes. Même quand il ne pleut pas. Et la bande d'étudiants venue me cueillir à la gare exhale une humeur très humide. Dans la voiture, je m'aperçois qu'aucun de ses « fans » autoproclamés ne lit *Marianne*. À peine ont-ils parcouru l'œuvre complète de mes tweets. Certes, l'une des gamines (de vingt-quatre ans passés !) a commencé mon dernier livre, mais elle préfère, je cite, « quand vous ajoutez des grimaces à la télé ». Une autre qui, de toute évidence, confond Bedos avec Devos, s'étonne de ma sveltesse, eu égard à l'obésité de mon défunt paternel ! À la fin du concours, durant lequel de sympathiques coincés du bulbe ont cru exploser les limites de l'humour noir en prononçant trente fois le mot « foune » et en se gaussant de DSK, ce cadavre satiriquement inoxydable, je refoule mon ennui et me hasarde à questionner l'amphi tout entier : « Alors, les jeunes, où c'est qu'on sort, ce soir ? Moi, je propose une manif contre le mariage gay dans toutes les boîtes homo de la ville ! » Cent cinquante têtes livides et quelques rires pincés. Les autres s'interrogent.

Si jeunes et déjà menacés par une overdose de premier degré ! Peu importe, fouette, cocher ! J'ai envie de les mieux savoir. De plonger mon thermomètre sociologique dans le rectum de leur ferveur adulescente et, accessoirement, de gerber une série de gin fizz dans la cuvette d'un bar nantais. « Alors ? On bouge ? » Silence (trois cents personnes qui se taisent, ça vous crève les tympans). L'organisateur, un autiste de vingt-deux piges qui ne cesse d'essuyer ses mains moites sur son polo Lacoste trop large, finit par grommeler d'une voix dépressive : « C'est-à-dire qu'on aimerait bien, vu que vous êtes mon idole, mais on a cours demain matin. » Sa copine ajoute : « Si vous voulez, on peut boire une bière à la cafétéria, mais ça ferme dans trente minutes. » J'abdique.

Dans la twingo blanche qui me ramène très sagement à la gare, l'un d'eux m'assena le coup de grâce : « J'espère que vous vous êtes bien marré, car vous venez d'avoir affaire aux plus rebelles du bahut. »

Dans le train, je termine la biographie de Verlaine (qui vient de paraître dans l'excellente édition Folio) : Jean-Baptiste Baronian y relate les échappées belges et londoniennes du parnassien avec Rimbaud, son amant fulgurant, sa tête à baffes géniale de dix-sept ans et demi. Ils rimaillent, ripaillent, fument, soutiennent les communards, picolent en relisant Homère, s'agenouillent – ivres morts – devant Victor Hugo, caricaturent les versaillais, singent Musset, se désapent en public, dérapent en permanence, dorment à la belle étoile, payent leur tournée d'absinthe à coups de poèmes érotiques ; bref, ils draguent la mort en riant et en s'aimant, à torts et de travers. Cent cinquante ans plus tard : la jeunesse a vieilli.*

* *Ces lignes pleines de hargne, lorsqu'elles parurent dans le journal, déclenchèrent le courroux de ces jeunes étudiants qui m'avaient invité. L'un d'eux, plus joueur à l'écrit qu'à l'oral, m'écrivit qu'« il ne suffit pas de boire des alcools forts et d'écrire des poèmes pour être jeune ! Mon père boit beaucoup d'alcool, lit parfois de la poésie, et il a tout sauf l'air "frais". Surtout quand il insulte ma mère. Moi, j'aimerais être jeune longtemps, si vous le permettez. Je n'ai pas honte de me coucher tôt car j'aimerais décrocher mon diplôme pour pouvoir subvenir aux besoins de mes enfants qui me rendront jeunes à leur contact ». Bien dit, mon vieux.*

Solidarité d'ivrogne

De passage en Belgique pour signer mon bouquin qui se vend comme des frites, j'en ai profité pour visiter Néchin, bourgade devenue célèbre en ouvrant grands ses bras (et un compte) à Gérard Depardieu. Tout de suite, mes sens frissonnent à la vue de l'église Saint-Amand, dont le portail sculpté au XIIIe siècle fut épargné – Dieu soit sucé – par les bombardements. Un peu plus loin, je reste interdit devant la splendeur du château de la Royère, véritable cerise sur le hameau de Néchin. Dès lors, j'imagine quelles seraient mes errances bucoliques sur de ravissantes Wallonnes moins plates que leur pays, d'autant que Bruxelles et ses tavernes rigolardes me hèlent à quelques bars d'ici. Comme nous ririons, Gérard et moi, flanqués d'un Poelvoorde inspiré, si l'humour belge m'octroyait son visa.

--

En rentrant à Paris, je convoque mon banquier.

« Mon cher Patrick, lui dis-je, ma décision est prise : j'aime la bière, le second degré, Jacques Brel, François Damiens, Arno, Virginie Efira, la Grand-Place, les croquettes au fromage de l'hôtel Métropole, les petits matins blêmes, les grasses matinées grisâtres, la liberté de se marier entre fiottes, le cul rose des Flamandes (surtout quand elles m'engueulent, me donnant l'impression de me faire violer par une nazie) ; bref, je ne vois pas ce qui me retient : j'emménage à Néchin ! »

Long silence. Il ausculte mes comptes. Je m'attends à ce qu'il jubile…

« Non, Nicolas, me répond-il, pas vous !

– Oh, Patrick, ne commencez pas à me faire la morale, pitié, vous êtes mon banquier, pas mon attaché de presse ! Ce que j'aime chez vous, c'est ce libertarisme financier, cette folie chiffrée, cette odeur de biffeton qui émane de vos textos, ce nietzschéisme "par-delà le bien et le mal, passons donc à la caisse !" D'autant que je m'en tamponne, moi, de l'opinion publique ! Ça fait belle lurette que cette pouffe diffamatoire et amnésique me prend pour une ordure. Et puis merde, depuis quand les artistes se doivent d'être "exemplaires" ? Nous ne sommes pas les paroissiens du public ! Qu'il aille donc voir nos comédies et qu'il lise nos romans, plutôt que nos feuilles d'imposition. Quant à Jean-Marc Ayrault déclarant "minable" le "Gégé" national, je note que son choix d'épithètes est étrangement moins audacieux quand il doit qualifier Mittal et le lobby bancaire. Qu'il revisionne donc *Danton*, *Les Valseuses* et *Cyrano*, ça lui apprendra peut-être à déclamer ses longs discours de façon moins anxiolytique ! Car, même noyé dans la vinasse, Depardieu est toujours plus persuasif qu'Ayrault sous l'emprise de la Volvic.

– Non, Nicolas, reprit mon banquier, je partage votre opinion (et vos vils intérêts), mais le problème, c'est que vous ne gagnez pas assez d'argent pour vivre à Néchin.

– Comment ?

– Je suis dans le regret de vous apprendre que vous

percevez quinze fois moins que ce qu'il vous faudrait pour être concerné par la taxe de 75 % sur les revenus dépassant le million d'euros.

– Meeeeerrrrrde !

– Je sais. C'est dur. Mais le gouvernement français est très ferme sur ce point : il faut être pété de thunes pour se faire couper un bras. Pour les autres, dont vous faites piteusement partie, c'est le service français obligatoire. Je peux toujours vous proposer Angoulême, Asnières ou Nantes, mais sinon…

– Oh non, pas Nantes !

– Alors il va falloir vous résoudre à rester parisien. Avec Philippe Torreton, à l'intermitard du spectacle. En revanche, que cela vous serve de stratégie. Commencez – comme Depardieu – par dégoter votre Bertrand Blier, campez – comme Depardieu – des personnages inoubliables, faites danser les mots dans des tirades endiablées, apprenez à étouffer un sanglot dans un rire, à balancer une gifle d'ours tout en esquissant un sourire de communiante, à doser des cocktails dramatiques dans lesquels l'amertume d'une saillie furibarde se confond idéalement au sucre d'un regard transi ; ensuite, emparez-vous des figures historiques, sachez dissoudre votre notoriété dans suffisamment de talent pour qu'on vous croie Edmond Dantès, Balzac ou Jean Valjean. Ce jour-là seulement, quand vous aurez valsé avec le Dewaere d'aujourd'hui, le Mitterrand de demain et le Chirac d'après-demain, quand vous aurez fait pleurer Barbara, Ridley Scott et Truffaut, ce jour-là seulement vous pourrez envisager l'éventualité de poser une valise à Néchin. En attendant, contentez-vous d'être patriote. »

Comme c'est long d'être radin.

Ma blonde. Peur qu'elle me quitte de peur que je la quitte de peur qu'elle me quitte (relisez cette phrase, elle est très cohérente). On s'aime aux aguets, le fusil de l'autre collé contre le cœur. Pour l'instant, nos baisers font office de cran de sûreté – « Non, ne tire pas tout de suite, il me reste trois soupirs » –, mais nous sentons l'odeur de poudre sous la couette.

L'amour : chimère neurobiochimique brevetée par un poète élisabéthain, puis exploitée par Hollywood pour faire chialer les grands enfants.

Dans le meilleur des cas, il se transforme en tendresse incestueuse, certaines femmes devenant nos mères, d'autres nos petites sœurs. Tous les couples solides sont une famille nombreuse. Dans tous les cas, de même qu'un couscous sans représailles gastriques est un couscous sans piment, donc sans couscous, le meilleur moyen de vivre une histoire d'amour heureuse et pérenne, c'est de l'expurger discrètement de tout ce qu'elle comporte d'amour véritable. Dès lors, la mémoire encore trempée de souvenirs passionnés, mais le cœur bien au sec, on peut envisager la mort à deux, et se resservir autant qu'on veut. Personnellement, j'ai encore faim, mais des brûlures plein l'estomac.*

* *Quelques semaines seulement après qu'elle a posé une demi-valise dans l'entrée de cet appartement qui lui ouvrait grands ses placards, ma belle venait de fiche le camp. Puis de revenir, sous Lexomil et conditions. À présent, elle donnait l'impression de laisser un talon Louboutin en travers de la porte, attendant que je la rassure sur l'ensemble des questions soulevées par* Marie-Claire, Elle *et* Biba *depuis 1975 :*

« Tu m'aimes vraiment pour ce que je suis ?

– Oui, ma chérie, d'ailleurs j'aime pas tout. Mais ce que j'aime, je l'adore.

– Sais-tu seulement qui je suis vraiment ?

– Non. Il me reste encore à découvrir la matière de ton intestin grêle. Et beaucoup d'autres aspects de ta beauté intérieure. Tant mieux, non ?

– Quand tu sauras qui je suis, tu tomberas de haut.

– Es-tu en train de m'avouer que tu découpes des gens la nuit ou que tu gères en parallèle un trafic de drogue dans un paradis fiscal avec des francs-maçons ?

– Je ne ris pas, Nicolas, le jour où tu comprendras que je ne suis qu'une brave fille un peu gauche et pleine de doutes, est-ce que tes sentiments résisteront à toutes ces tentations ?

– Quelles tentations ?

– Celles de ton métier de pute.

– Tu parles des textos que ne cesse de m'envoyer Angelina Jolie ? Tu m'avais dit que tu ne tomberais pas dans ce cliché, ma chérie.

– J'ai menti.

– Pourquoi ?

– Parce que tu me plaisais et que je voulais te plaire. C'est plaisant, la sagesse. Aujourd'hui, je ne suis plus sage : je déteste ton milieu. La télé. Le cinéma. C'est une boîte échangiste. Je les déteste tous autant que je t'aime, toi. Je les déteste tous depuis que je veux te garder.

– Embrasse-moi.

– Arrête ! Je n'ai pas envie de rire, ni de faire l'amour, ni d'être gentille.

– Ah bon ? À long terme, ca va être chiant...

– Tu ne comprends pas ce que je te dis : je vais me casser.

– Encore ? Pourquoi ?

– Pour éviter de te voir me quitter pour une connasse qui passera au « Grand Journal », qui aura le prix Interallié ou qui prendra un million pour se faire violer dans un film de Jacques Audiard.

– Je t'aime.

– Pourquoi ? Parce que je suis normale ? C'est pour ça que tu m'as choisie, parce que tu te sens dépaysé par ma banalité ?

– Je ne t'ai pas choisie, tu n'es pas un programme à la demande. Je crois que nous nous aimons.

– C'est affreux.

– De s'aimer ?

– J'ai l'impression d'avoir gagné un concours que je n'ai même pas passé. Je suis nulle.

– Je passe ma vie à te dire le contraire.

– C'est pour me faire plaisir.

– Non, je le pense.

– Oui, mais parce que tu m'aimes.

– Entre autres.

– Donc c'est faux.

– Tu préférerais que je ne t'aime pas ?

– Tu ne m'aimes pas ?

– Embrasse-moi !!!

– Non, tu as embrassé Ludivine Sagnier.

– C'était du cinéma. Elle est mariée, elle a deux mômes. En plus, c'est pas mon genre.

– Parce que si c'était ton genre... ?

– Non.

– Si. Quelle idée j'ai eue de sortir avec un type dont le métier consiste à séduire toute la terre.

– Je croyais que tu aimais ce que je faisais. D'ailleurs, ce que je faisais te plaisait avant même qu'on se rencontre.

– Oui, mais maintenant on est ensemble.

– Je peux prendre ma retraite, mais qui va payer le loyer ?

– Ça t'excite de me rappeler que c'est toi qui le paies ?

– Pas du tout. Je m'en fous.

– C'est bien ça le problème, tu te fous de ce que je fais. Tout le monde s'en fout. Depuis qu'on est ensemble, mes amis ne s'intéressent plus qu'à ce que fait mon amoureux.

– Tu devrais changer d'amis.

– Je ne les quitterai pas pour toi. Il faut que tu m'aimes telle que je suis, avec mes amis de merde. Même les aigris. Même les jaloux.

– D'accord.

– Tu dis "d'accord" pour m'embrasser et que je me taise.

– C'est vrai que ces deux plaisirs s'accordent volontiers...

– Écoute-moi.

– Embrasse-moi.

– Pas avant que tu me dises que...

– Je te dirai tout, mon ange, mais cesse de me quitter, j'ai l'impression de t'aimer sur un siège éjectable.

– Moi aussi.

– Tu m'aimes ?

– Oui. Et toi ?

– Oui.

– Alors embrasse-moi, pauvre con...

– Si tu insistes.

Chronique de Noël

Histoire vraie : aujourd'hui, je reçois la lettre d'Annie, une mère de famille résidant à Bordeaux : « Cher Nicolas B., lorsque mes deux filles (Juliette, dix-sept ans, et Chloé, dix-huit ans) m'ont, sans s'être consultées, commandé votre livre pour Noël, j'ai décidé de vous lire, afin de savoir si c'était vraiment un "cadeau" ou bien du poison que je m'apprêtais à glisser sous le sapin. Conclusion : que d'ironie, que de mauvaises pensées, que de propos obscènes ! Vous pourriez employer votre esprit – si c'est d'esprit qu'il s'agit – à inculquer à vos lecteurs – notamment les plus jeunes – l'amour de l'amour plutôt que la rancœur des passions destructrices, le respect de la politique et la foi en l'idéal social plutôt que ce désenchantement bobo qui suinte à chaque page, le goût de la grande littérature (Flaubert) plutôt que les charmes d'un cinéma alimentaire et nihiliste. On peut être drôle sans être vulgaire (Raymond Devos), sensible sans être désespéré (Anna Gavalda, Christian Bobin), on peut être spirituel sans être méchant (Florence Foresti, Gad Elmaleh). Prenez exemple sur votre ami Jean Dujardin, dont les interviews sont une ode à la vie. Vos textes, hélas, sont une réclame pour le suicide. Moralité : l'un de vos livres ne sera présent sous le sapin de mes filles chéries que lorsqu'en plus d'écrire "bien", vous écrirez pour leur "bien". Je vous souhaite – malgré tout – une bonne année. Annie. »

--

Chère Annie, afin de sustenter les vertus de vos deux filles, la suite de ce chapitre s'écrira directement sous la dictée de l'une d'entre elles :

« Samedi dernier. En sortant d'un colloque du Parti socialiste, j'ai relu l'œuvre complète de Gustave Flaubert. Elle a raison, maman : c'est beau. *Un cœur simple*, dont chaque phrase contient cent vingt-trois sens (*dixit* la préface tarabiscotée par un éminent chirurgien littéraire), est un pur chef-d'œuvre dont l'intelligence formelle n'a d'égal que l'ennui qu'il provoque sur mon cortex électrisé par les textos merveilleusement débiles de Quentin, dont j'ai mangé la bouche de Noël, avant même le repas familial. N'empêche, faudrait que je pense à remercier ma mère de m'avoir appris à lire. Car, comme elle dit souvent avant d'entonner Vive le vent, les pauvres petits Africains n'auront jamais accès à Flaubert. Et s'ils ne s'en plaignent pas dans les reportages à la télé, c'est sans doute que la faim, la soif et l'illettrisme les empêchent de réaliser ce qu'ils ratent. La misère est l'antidépresseur de l'inculte. En revanche, oserais-je dire à maman que les guirlandes métaphysiques de Christian Bobin et d'Anna Gavalda, qui m'exhortent à savourer "le charme fauve d'un coucher de soleil" (peu fréquent, fin décembre, à Bordeaux) ou "un simple verre de lait tiède après une balade en forêt", m'ont donné envie de me doigter sur *Plateforme* de Houellebecq, que m'a conseillé Quentin, dont j'ai lustré les boules de Noël dernier. Maman serait d'ailleurs épatée par le saisissant parallèle qu'il a fait entre la domestique d'*Un cœur simple* repoussant jusqu'à la mort son extase amoureuse et Houellebecq se retenant vingt minutes avant d'éjaculer sur le ventre des trois Africaines du chapitre 2. Avantage à Houellebecq, qui jouit de son vivant – offrant à un échantillon tiers-mondiste le plaisir de boire le lait tiède d'un Flaubert contemporain. D'une bière trois coups ! (Cf. jeu de mots de Raymond Devos, que maman aime tant.)

Dimanche. Décidément, maman a raison : il est bien trop tôt pour cesser d'applaudir Hollande, notre président de l'"idéal social". D'autant qu'il a rectifié le tir… Ne serait-ce qu'en ajustant sa facétieuse cravate. Pour le reste, même si sa mesure phare (les 75 % d'impôts) vient de partir à la casse (tout en offrant aux PDG le prétexte qu'ils attendaient pour aller se blanchir les liasses en liesse sous le ciel gris de Bruxelles), même s'il semble courber l'échine sondagière aussi bien devant les syndicats que devant le patronat, même s'il se cramponne à son pédalo de l'impôt sans jamais faire appel aux pédagos de l'info, même si sa gauche titube au centre plus grossièrement que sa cravate, mon enthousiasme adolescent ne cessera pas de sitôt d'enthousiasmer maman. Car maman ne va pas bien (pour preuve, elle a passé une heure – le jour de Noël – à écrire une lettre à Nicolas Bedos). Car maman veut que ses filles croient en la vie pour elle, car maman y croit si peu qu'elle pense qu'un livre peut nous en dégoûter, alors qu'il n'y a rien de plus joyeux – dans la vie – que de maudire à plusieurs les charlatans qui vous sornettent que la vie est merveilleuse, que l'amour est éternel et que la société fera bientôt preuve de solidarité, au moment même où le sport national, à la veille de Noël, consiste à calculer combien gagne le voisin, où ça rapporte davantage, en voix ou en euros, à se couper la dinde en quinze tellement les familles se décomposent en divorces gratinés. Mais, ça, je ne le dirai jamais à maman, car maman est aimable et que, dixit Christian Bobin, il faut savoir "dire aux gens qu'on aime qu'on les aime tant qu'ils sont encore aimants", ce à quoi j'ajouterai "surtout avant Noël" : n'est-ce pas dans l'engrais des mots d'amour du mois de novembre que poussent les cadeaux du 24 décembre ?

Lundi. Jour de Noël : cette salope a oublié de nous offrir le bouquin de Bedos. Je vais devoir me retaper le DVD du spectacle de Florence Foresti ! Et celui de Gad Elmaleh ! Elle est heureuse, Foresti, c'est vrai ; elle parle jamais de politique. Ni de religion. Ni de cul. Elle dit des choses très drôles et très gentilles sur son bonheur d'être maman. L'autre jour, à la radio, elle a même dit : "J'ai jamais eu de chagrin d'amour. Je ne comprends pas ce que c'est." Du coup, moi, je ne comprends plus trop Florence Foresti. Lui aussi, il est heureux, Gad Elmaleh ; il parle jamais de politique. Ni de religion. Ni de cul. Il dit des choses très drôles et gentilles sur son bonheur d'être papa. Mais comme, de toute façon, il parvient même à dire des choses très drôles et très gentilles sur le nouveau forfait SFR dans une publicité grotesque : du coup, parfois, moi, je le crois pas.

Mardi. N'aie pas peur, maman, on est grandes, maintenant. Tellement grandes que l'an prochain je passerai Noël avec Quentin. Et sous le sapin, si le père Noël existe un peu, il y aura – empaquetée dans de l'estime – la confiance de ma mère. Bonne année. Chloé. »

Chronique d'un acteur sous-payé

Jean-Claude X, Français moyen, en a plein le dos. Je le comprends, mon Jean-Claude : voilà des années qu'il ne part en vacances qu'à travers « Koh-Lanta », qu'il coupe sa bière à l'eau, sa bagnole au gazole light, ses fous rires à Kad Merad, les costards de son fils dans celui de son beau-frère, qu'il coupe sa femme dès qu'elle évoque trois jours de ski aux Arcs 2000, bref, qu'il coupe court à ses propres fantasmes. Du coup, comme il faut bien calmer Jean-Claude, que ce soit à la une de *Libé* ou de *L'Express*, les malheureux chanceux ne couperont pas à l'ancestrale question reboostée par la crise :

« Sont-ils trop payés ? » interrogent les médias – qui, en période de soldes, ne perdent jamais une bonne occase de masturber l'aigreur d'une société exsangue. Après qu'elle eut pointé, d'un doigt inquisiteur, le salaire des grands patrons, des racailles du ballon rond et des ministres en Safrane, la presse s'attaque à nos vedettes ! Lundi, la guerre est déclarée aux roitelets du box-office. L'étincelle ? Le suicide fiscalcoolique d'un Cyrano rouillé qui gratte ses cicatrices de père inconsolable sur la peau eczémateuse de l'opinion hexagonale. L'essence ? La tribune testostéronée de Vincent Maraval, sympathique distributeur (de mauvais points) qui n'a guère digéré l'échec du dernier *Astérix* dans lequel il a semble-t-il perdu sa chemise ET la mémoire, puisque je rappelle qu'il participa lui-même à la cuisson de ce hamburger comique, donc au branchement de son four. Sa tribune, si elle a le mérite de bousculer le milieu (j'adore quand ça grince), provoque injustement l'ire du modeste spectateur : non, ce n'est pas ton fric, Jean-Claude, qui permet à Dany Boon de se « goinfrer » avec un bide. Non, ce n'est pas ton fric, Jean-Claude, qui finance l'énième pochade foireuse que diffuse TF1. Exceptionnellement, je vais jouer l'expert soporifique, par respect pour les copains : Jean-Claude, rassure-toi, les fameux organismes qui subventionnent le cinéma français sont financés par un prélèvement effectué sur la recette enregistrée sur le territoire français par les films de toutes nationalités confondues (respire). Ils chopent donc un pourcentage sur les bénéfices de Spielberg, Almodóvar ou Moretti, autant que sur ceux de Luc Besson. D'autre part (ne bâille pas, je te parle de ton blé), si une poignée de « stars » ramassent autant d'oseille, c'est que le rond-de-cuir d'une chaîne PRIVÉE a estimé rentable de mettre leurs noms au générique, prévoyant que la bonne bouille de Dany Boon (indéniable Bourvil d'aujourd'hui) ou de Jean Dujardin (miracle dramatique résultant d'un coït entre Bébel et Cary Grant) ferait davantage d'audience que celles de Philippe Torreton (qui coûte beaucoup moins cher, mais ne mérite pas davantage). Bref, mon Jean-Claude, c'est une affaire d'offre et de demande (n'es-tu pas venu en famille te reposer le cortex devant *Bienvenue chez les Ch'tis* et *OSS 117* ? Dany et Jean te remercient), un deal assez logique dans un système libéral que la majorité des électeurs ne semblent pas pressés de voir partir en vrille, vu le score catastrophique dont ils ont gratifié Jean-Luc Mélenchon. Là-dessus, qu'on s'interroge plutôt sur le manque d'encouragement (financier) subi par la plupart des scénaristes (payés au lance-pierres, obligés de polir douze versions d'un script qui, partant souvent d'un délire vitaminé, finit par roupiller dans les recettes dictées par des marketeurs sans couilles), qu'on parle plutôt des suicidaires économies faites par les financiers sur la postproduction, sachant que les Américains triturent l'image pendant des semaines, léchant les contrastes, illuminant les regards du moindre figurant et densifiant chaque paysage, quand nous autres Gaulois balançons aux yeux de Jean-Claude nos grisâtreries telles quelles, lui infligeant dès lors le haut-le-cœur visuel qu'on éprouve quand on passe de « Dexter » à « Derrick ».

Et, s'il faut chicaner nos stars, regrettons plutôt celles dont le confort matériel (justifié ou non) sclérose la passion et pousse au confort ARTISTIQUE (bien plus regrettable, à mon sens), celles qui ne tentent plus d'aventures en dehors du sentier bétonné par les majors, qui roupillent dans des navets prémâchés par des trousseurs d'intrigues ringardes. Là, le problème n'est plus comptable : regardez l'implication d'un DiCaprio ou d'un Daniel Day Lewis (pourtant tous deux pleins aux as) dans les folies de Scorsese (qui lui-même ne tourne pas pour trois tickets resto), observez Charlize Theron dans *Monster* ou *Young Adult*, bref, je me fous de savoir combien ils ont touché, du moment qu'ils me touchent !

—

Justement, ils sont là, devant moi, chaque matin depuis dix jours. Le « surpayé » Jean Dujardin, le

« trop gâté » Guillaume Canet, le « plein de thunes » Gilles Lellouche, la « blindée » Marion Cotillard, et j'en passe. Nous répétons, la peur au ventre, ce show télévisé que Canal + diffusera – en live ! – vendredi prochain[1]. Résultat : ces « nantis », ces « infâmes profiteurs » suent comme les théâtreux d'une pièce chichement subventionnée sous le néon d'une salle déserte au sous-sol d'un immeuble cradingue. Je ne sais pas combien leurs agents de l'ombre ont négocié dans la coulisse, mais – pour l'heure – chacun se déguise en légume géant ou en chef indien, peaufine ses vannes et cauchemarde le public. Si Dujardin est mon ami, ce n'est pas tant pour son oscar, son hypothétique pourcentage sur les futures ventes du DVD de *Brice de Nice* n° 5, ni même pour nos beuveries de mâles et nos angoisses de fillettes, c'est précisément pour cette passion de puceau avec laquelle, chaque jour, il soulève une table, « Mon Nico, imagine que ce sera ton piano », ou le sourire qu'il pose sur cette débutante pétrifiée, « T'inquiète, Vanessa, on chie tous dans notre froc, fais la conne avec moi, autorise-toi à être mauvaise, et soyons ridicules, mais ensemble ! »…

Cher Jean-Claude, mes illustres camarades n'étaient pas obligés de prendre ce risque en live, l'agenda de chacun étant aussi saturé qu'une artère de Depardieu. Alors pourquoi l'ont-ils fait ? Pour oublier le confort des caravanes climatisées, pour me donner la réplique – à moi qui ne fais aucune entrée – et surtout se souvenir qu'avant de jouer leur carrière au grand casino de la bankabilité, ils ont voulu jouer… à jouer. Jouer à se faire rire et à pleurer.

1. *Le Débarquement*, diffusé le 18 janvier 2013.

--

Nous sommes vendredi. Cette nuit, j'ai détesté ma blonde de dormir comme un ange alors que je me rongeais les ongles. Dans cinq heures j'ai rencard avec 2 heures de direct. À nous de jouer.

L’érection présidentielle

Cette semaine voue un culte à la virilité. Tout d’abord samedi soir, où j’assiste – embarrassé – à la conversation de trois copines passablement bourrées.

« Ça se passe comment avec ton mec ? demande l’une.

– Bien ! Notre emménagement, loin de nous ébranler, a dopé la fréquence des rapports. On est en train d’exploser notre score conjugal. Avant-hier, il a remis le couvert deux fois, sans délai de recharge, et sans coup de pouce buccal. Je crois que c’est le bon. Et toi, avec Sylvain ?

– Moyen. On a passé les vacances de Noël dans un hôtel-club égyptien et – malgré le soleil, la piscine et tout le tralala – il m’a niquée qu’un soir sur trois. Pire : rien le 24 au soir – j’ai dû me contenter d’un gros câlin à la papa Noël – et la nuit du 31, d’une tirade cucu sur la “merveilleuse année qui nous ouvrait les bras”. J’aurais préféré que la “merveilleuse année” m’écarte les jambes et qu’elle démarre en mode “défonçage d’oreiller” qu’en baratin sentimental.

– Et la journée ?

– Pourrie. Nage, visite du Caire, balade sur la plage, mais niveau cul : un sphinx ! Un matin, alors qu’il faisait chaud à se frotter contre un oursin, je débarque dans la chambre – luisante de monoï et de phéromones…

– Et alors ?

– Il m'a lu sa dernière pièce !

– Elle est bien ?

– Peu importe.

– Et lui, tu l'aimes ?

– Je me pose des questions. Tout dépendra du coefficient coïts-fous rires à Megève en février. Et toi, Johanna ?

– Moi, j'ai un date avec le fiscaliste dont je vous ai déjà parlé, mais je me suis renseignée auprès de ses ex sur Facebook : paraît qu'il copule comme un koala.

– Comment ça baise, un koala ?

– Peu. Et TRÈS lentement. L'une d'elles m'a balancé qu'il avait fini par lui gercer les muqueuses. Ils ont fini au Mitosyl, la crème pour apaiser le cul des bébés. Je vais peut-être annuler. »

J'ai failli grimper sur la table, leur déclamer – en larmes – un long poème de René Char sur la valeur inestimable d'un regard complice, puis m'emparer de leurs Louboutin afin de charcuter, à coups de talon aiguille, cet orifice vorace et comptable qui gouverne leur cœur. Ainsi j'aurais pu soulager leur machine à braquemart, ces pauvres fiancés transformés depuis peu en godemichés qui parlent. Mais je n'ai rien fait que de m'interroger : combien de fois par semaine faisons-nous l'amour, mon amour et moi ?

––

Le lendemain, ça continue. Décidément, la loi sur le mariage gay ne passera pas sans vaseline. Une foule de cathos polluent le grand boulevard sur lequel donne l'une des fenêtres de mon havre de paix et de liberté. Une tasse de thé à la main, je les regarde manifester contre l'idée que des « pas comme eux » puissent faire comme eux. Sur iTélé, une réac du cortège – militante chrétienne et enceinte malgré sa gueule bouffie par du très mauvais sang de Christ – s'en prend aux gouines : « Un gosse mérite un père, il lui faut de l'autorité, sinon c'est un coup à ce qu'il devienne lui-même pédé ! C'est ce qu'on appelle un cercle vicieux, je dirai même vicelard. » En observant son allure négligée, son physique pénible et ses expressions haineuses, je ne peux m'empêcher d'être ému par sa fidélité envers les prétendus principes d'un Dieu qui l'a si peu gâtée. Et dire que la loi l'autorise, elle, à se faire lécher la couenne par un pauvre innocent hétérosexuel, puis à mettre au monde leur embryon fragilisé par les décharges de stress d'une mère avinée. Mais, peu importe, répondra-t-elle, notre enfant aura un père ! Pas une goudou ou une tarlouze ! Un homme, un vrai !

--

Et le lendemain, ça continue ! Le téton des sondages s'est bêtement mis à pointer dès que Hollande a enfilé un treillis au Mali. Dès lors, la rumeur se propage : « Flanby le Mou » nous en cachait une grosse bien dure. Miracle ! Regardez : il bombarde, porte-avionne, il missile, frappe et pilonne. Oh, j'en ai l'opinion qui autre ! Rien de tel qu'une bonne guerre pour dévoiler les couilles d'un homme et rien de tel qu'un homme couillu pour diriger la France ! « Cette France, disait Villepin, a envie qu'on la prenne ! » Il semblerait qu'après six mois d'un trop timide cunnilingus, Hollande soit résolu à sortir son matos. D'après de raisonnables géopoliticiens, le combat en question serait, sur le fond comme sur la forme, juste et opportun. Malheureusement, il n'y a que la forme (et la taille) qui émeuve cette opinion infantile et insatiable, profondément machiste. Cette opinion qui a vibré devant un Sarkozy bravache et fanfaron, cette opinion qui se pâma devant George W. Bush, un débile notoire qui rempila à la tête du monde libre grâce au blouson de cuir que son chargé de com emprunta quelques jours à Arnold Schwarzenegger. En privé, Bill Clinton aurait confié : « Chaque fois que je baissais trop dans les sondages, je demandais au Pentagone de me dégotter un terroriste. » Dans le cas présent, le terrorisme est un ennemi qui ne sort d'aucun chapeau opportuniste, certes, mais les nouvelles grosses burnes d'Hollande ne me font guère oublier tous les autres dossiers sur lesquels il en manque.

--

Cinq heures du matin. J'écris. Sans faire de bruit, de peur de voler ma fiancée à son sommeil fragile. Dès fois qu'elle rêverait de moi… Je la laisse me sublimer. Aujourd'hui, elle était si brillante qu'elle me contraint, cette nuit, à approuver ses ronflements. De manière générale, je ne peux m'empêcher de la trouver plus passionnante quand elle ronfle que la tienne quand elle parle. Aucun de mes amis ne saura jamais combien de fois nous faisons la chose. Une chose est sûre, grâce à Dieu et grâce à nous, nous n'avons pas besoin de faire l'amour… pour faire l'amour.

Aigre France

Nouveau scandale : le salaire mirobolant des ostréiculteurs. Du coup, Depardieu respire : il a perdu douze grammes de graisse tout en gagnant deux grammes d'alcool et six nouveaux passeports (et si cette histoire d'exil fiscal n'était qu'une astuce pour gagner un pari lancé, un soir de murge, par un de ses amis diplomates ?).

--

Je fais un beau métier ; en tentant, chaque jour, de donner du plaisir au public. Extraits d'une conversation entre deux anonymes sur Twitter :

« Salut Sylvain22 ☺ Comment t'as trouvé le show de Dujardin, Lellouche, Bedos and Co sur Canal hier soir ?

– De la daube. Du vomi. ☹

– Pareil. Et encore, t'es gentil. Moi, j'ai maté que les 3 premières minutes, vu que j'ai pas le décodeur (réservé aux bobos pleins de fric), mais ras le cul de voir les médias s'agenouiller devant ces connards sous prétexte que Dujardin (superbobo plein de fric) a gagné un oscar.

– T'as raison ! D'ailleurs, ce qu'il fait dans *The*

Artist – que j'ai pas vu (le ciné à 10 euros, c'est bon pour les bobos) – moi je le fais demain matin, vu qu'il a même pas eu besoin de mémoriser son texte !

– Quant à Lellouche (sans doute le fils de Claude, bien que ça s'écrive pas pareil – mon cul, on me la fait pas, à moi), il serait rien sans Dujardin, qui serait rien sans Hollande (j'ai lu sur Twitter qu'Alexandra Lamy – sa gonz' – était pote avec Trierweiler, la gonz' du socialo bobo plein de fric ☺).

– Oui !!! Quant à Bedos, le porc, il serait rien sans son père, qui serait rien sans Sophie Daumier…

– … qui serait rien sans Mitterrand…

– … qui serait rien sans Vichy…

– … qui serait rien sans Hitler.

– Bien vu ! J'adore comment tu penses, dommage que t'habites à Mulhouse. Au fait, il neige ?

– Même pas. Mais, bien sûr, à Paris, là y a de la neige ! Ah là, ils en ont mis des caisses !! C'est toujours pour les mêmes. Marre de tous ces bobos qui font de la luge sur nos impôts. Ils prétendent nous faire rire sur Canal (que j'ai pas, 20 euros par mois l'abonnement, c'est bon pour les bobos) alors qu'ils savent même pas ce que c'est de se réveiller à l'aube pour pointer chez Renault.

– Ou Danone (je bosse chez Danone).

– Exactement ! Pardon, Eric26, j'aurais pu dire Danone, mais je roule en Renault (à Caen, où il neige, mais moins qu'à Paris, tu penses, vu le prix des loyers…).

– Bref ! Qu'ils turbinent à l'usine, toutes ces putes du cinoche, et ensuite ils pourront se permettre de faire les fiers à la téloche.

– D'autant que n'oublie pas que c'est notre pognon qui les finance pour sécréter de la merde et se taper

des filles mineures dans des boîtes de bobos pleins de fric où je rentre pas.
– Moi non plus.
– J'imagine. Sous prétexte que t'habites à Mulhouse et qu'on n'est pas les fils de pute d'une copine de la pute au socialo…
– Un jour, ça va péter.
– Oh oui, ça va péter ! Et ce jour-là, je peux te jurer que les Dujardin-Lellouche-Canet-Bedos and Co, ils vont regretter tout le mal qu'ils nous ont fait. »

Le lendemain :
« Salut Sylvain22. Quoi de 9 ?
– T'as vu : le fils de Sarko a été pistonné comme prof de droit à la Sorbonne ! ☺ Halte aux passe-droits ! Mort aux fils de !!
– T'as raison. Sauf que j'ai lu qu'il avait simplement été nommé chargé de TD à l'université de Créteil.
– Ah bon ? C'est tout pourri comme job ! La honte ! Ça m'étonne pas de ce nul de bobo plein de fric. On leur donne tout notre pognon, alors que c'est des nazes.
– Tu vas voir qu'il va toucher 3 fois plus qu'un prof de droit à la Sorbonne, et que d'ici un an ou 2, il va racheter Renault (ou Danone) et nous foutre un plan de licenciement au cul (m'en fous, je suis patron d'une PME).
– D'ailleurs, j'ai lu un tweet presque marrant du fils Bedos sur le fils de Sarko.
– Te fais pas avoir, Eric26, ils sont copains : en fait, les politiques nous enculent pour que les artistes nous enculent en nous faisant croire qu'ils les critiquent. Au

final, ces chiens, ils font tous la fête ensemble dans les boîtes où tu rentres pas.

– Toi non plus.

– Si, en fait, hier soir, après t'avoir parlé, je suis monté sur Paris et ma cousine Chloé (une ex de ce bobo de Lellouche) m'a fait rentrer au Montana, le QG de GQ.

– Et alors, c'était comment ?

– Pourri. Que des bobos. J'y retourne ce soir. Au fait, j'ai rencontré Bedos.😵

– Il est sympa ?

– Il a fait semblant d'être charmant parce qu'il doit savoir que je tweet et que je tiens un blog et un site de critiques ciné en ligne. En fait, il sait que lui et ses potes, ils dépendent tous de nous.

– Oh, le faux cul de bobo ! ☺

– Il m'a même invité à venir passer un week-end chez lui, en Corse (île de bobo), le mois prochain. Je vais peut-être y aller, rien que pour voir tout le fric que lui et son père et Hollande et Bettencourt et Carla se sont fait sur notre dos.

– Choure des trucs, te gêne pas !

– Fais-moi confiance ☺ Au fait, il m'a montré un DVD de leur émission de Canal.

– Et alors, c'est comment ?

– Ils sont pervers : y a des trucs fabriqués exprès pour que les pauvres provinciaux comme nous aient envie de se marrer.

– Putain, les enculés…

– À plusieurs moments, j'ai failli éclater de rire, mais tu me connais, Eric26, je me suis maîtrisé. On me la fait pas, à moi ☺

– Pareil.

– Je t'adore, Eric26.

– Moi aussi, Sylvain22. Heureusement qu'on est là, sinon franchement, qu'est-ce qu'on s'ferait chier. Quant à ceux qui nous critiquent dans leurs bouquins de bobos, on s'en fout : c'est qu'une bande de jaloux. »

Remontant, tel un saumon, la rivière des insultes déversées sur l'émission, ma blonde a a-do-ré. Apparemment, c'était la seule. Ce qui me conforte dans l'idée que c'est une femme unique. « Je t'ai trouvé très crédible en brocoli homo pacsé au maïs Dujardin », me dit-elle en coulisses. Merci ma chérie. Quant aux autres – la presse, le net, la profession – ils ont bien pris leur pied face aux faiblesses de la soirée ! À leur décharge, c'était tentant ! La fine fleur du cinoche (plus moi, l'intrus intronisé), la « belle brochette des bankables », en pleine bronca sur le cachet des acteurs, qui viennent se « faire mousser entre eux » et qui parfois trébuchent, en direct, sur Canal, dans des sketches inégaux, certes, pas tous aboutis, certes, pas tous aussi modernes qu'on eût pu l'espérer. Oh ! C'est tellement jouissif de crier au « désastre » qu'on efface à coup de tweets le moindre moment de grâce, l'abattage de Gilles Lellouche, la précision de Manu Payet et le culot de Guillaume Canet. On appelle l'« entre-soi » une amitié peu fréquente entre des « concurrents », on parle de « prétention risible » quand il s'agissait, justement, de ne pas se prendre au sérieux le temps d'une émission.

Le lendemain, Dujardin me récite de mémoire les critiques assassines. Et on finit par se demander : N'était-ce pas justement se prendre très au sérieux que de ne pas se prendre au sérieux en prime time, un vendredi soir ? Face à l'adversité, j'ai sur Jean un énorme avantage : je n'ai jamais été aimé ! Impopulaire, depuis le départ ! Mieux, je suis un ancien suicidaire. Le regard des autres m'importe au plus haut point, il peut même m'obséder, mais leur mépris ne me surprend jamais. J'y nage en connaissance de cause. L'opprobre et l'isolement sont ma normalité, mon milieu d'origine. Car, du plus loin qu'il me revienne : il y a « les autres » et il y a moi. Les « autres », que ce soit le collège, le public, la province, « le métier », « les femmes », « les hommes », les enfants, le Tout-Paris : quel que soit son surnom, ce n'est pas mon ami. C'est, au mieux, une rencontre miraculeuse et éphémère dans le hall blafard d'un hôtel de passe. J'ai vu mon père être « à la mode », puis « ringard », puis « culte », puis « has-been », puis « légendaire », puis je ne sais plus quoi. Comme beaucoup, j'ai vu des amis de toujours déserter mon salon lorsque j'étais souffrant. Du coup, j'ai tweeté l'essentiel : « Ma meuf a adoré. »

« She has a dream... »

Longtemps, je me suis couché de malheur, en traînant des pieds. Et pour cause, mes nuits ensommeillées se sont toujours vengées du rêve éveillé que je me sue à construire la journée.

Lorsque, la nuit, mon inconscient m'inflige quelques cauchemars, je sais que leur souvenir amer me collera aux basques tout au long du jour, m'obligeant à me rappeler que cette si tendre fiancée – qui, à l'instant, me jure fidélité sur notre Coran éclectique – n'était pas la dernière, cette nuit, à me lancer des regards de hyène en dessinant, du bout de sa langue de reptile, une croix gammée sur le gland géant de Fabrice Chamoux, mon rival au collège – décédé l'année dernière dans un duel suicidaire opposant sa mégalomanie infantile à sa médiocrité financière –, ce qui exauça le rêve d'une classe tout entière. Et lorsque, la nuit suivante, ce même inconscient décide cette fois, pour je ne sais quelle raison perverse, de me plonger dans l'extase d'un bonheur conjugal aux allures éternelles, je sais que la sonnerie de mon réveil s'écrasera, tel un missile français, sur mon sourire jihadiste, me rappelant aussitôt que la bombe qui somnole à ma gauche n'est qu'une pédophile nazie qui ne manquera pas de me cocufier le soir même, tant me rongent mes songes.

Vous l'aurez compris, je perds à tous les coups, car, dans les plis du drap, les miettes du mal me brutalisent et celles du bien me nostalgisent. Voilà pourquoi, lundi soir, dans ce train fantôme qui me bringuebale jusqu'à mardi, je n'ai pas échappé à un terrifiant cauchemar. Celui dans lequel je m'appelle Hortense de la Ratiche. Militante serre-têtiste aux seins tristement naturels, je rentre à Neuilly, épuisée par une manif antifiottes (des semaines qu'on bat le pavé dans d'obscurs quartiers de nègres), je retrouve mes cinq filles (Puceline, Marie-Bizarre, Couperozine, Frigide et Morphine), cinq petits boudins blancs très obéissants, je récupère la chevalière que mon mari (un cousin gerbant, tête en l'air et bite en bas) a encore égarée entre les cuisses de Frigide, et je vais me jeter dans les bras de Morphée. Et là, ne croyez pas que le cauchemar prend fin ! Au contraire, car c'était une roulade de printemps à côté du cauchemar qui m'attend, moi, Hortense de la Ratiche : celui dans lequel une affreuse garde des Sceaux d'origine guyanaise grimpe comme un singe au pupitre de MON assemblée de MON pays à MOI[1], elle dont les cheveux se crêpent sur eux-mêmes pour ne pas humer le parfum rance que son front rôti par un soleil analphabète exhale depuis l'enfance, lorsque, gamine mais déjà noire, elle priait pour l'indépendance de son île aux diables ! Que ne la lui a-t-on pas offerte ! Et voilà qu'aujourd'hui, passant directement de sa tribu à la tribune, c'est ce vice démocratique, ce dommage colittoral d'une attaque socialiste, qui – avec un accent suintant l'africanisme larvé – nous exhorte, nous les ferventes partisanes d'une mère promise, à tolérer l'hérésie pédalo-parentale. Et

1. Christiane Taubira venait de défendre, dans un discours resté célèbre, le projet de loi sur le mariage pour tous.

puis quoi ?! Vais-je en Guyane, moi, sermonner son peuple de caramels mous en lui imposant la monogamie et le port de vêtements ? Vais-je autoritairement empêcher sa famille de se nourrir d'insectes malariens ou de chier sur le tapis ? Non ! Chacun ses traditions ! Ils dorment avec leurs chiens, on se marie entre chrétiens ! Que cette exilée ne vienne pas foutre le feu aux culs des fiottes chez nous ! Car, comme disait papa, le baron de Croupion : « Ce n'est pas à une esclave de jouer à la maîtresse ! » Et il est mort en paix, une main sur la sienne, l'autre sur la Bible. S'il avait su, lui l'ancien soldat zélé qui zigouilla avec brio les rebelles algériens, s'il avait su, le pauvre, que – des années plus tard – un président de la République roturier, laïc, non marié – et quasiment de gauche ! – enverrait mourir nos fils pour défendre un pays noir même pas colonisé… S'il avait su ça, il serait mort de foi.

--

Le lendemain matin, je me réveille enfin ! Quelle affreuse nuit j'ai traversée. Bien qu'encore engourdie par ses bras de fer silencieux, ma main droite (baladeuse et gratteuse) m'apporte une première bonne nouvelle : je suis un homme. Et pas des moindres. J'ouvre l'œil gauche et me retourne vers ma bien-aimée. Elle ne dort plus, mais – par bonheur – elle ne peint aucune croix sur aucune verge d'aucun suicidé. Cerise sauvage sur le gâteau : elle m'apprendra bientôt que je suis plutôt de gauche, plutôt très tolérant, et que Christiane Taubira a effectivement embrasé l'Assemblée en tenant un discours qui, la veille, m'a enchanté. Notre ministre a fait un rêve… bien plus doux que les miens. Grâce à des gens comme elle, à des cœurs battant le passé à plat de futur, ce ne sera bientôt plus un cauchemar pour quiconque de se retrouver, le temps d'une nuit ou toute une vie, dans la peau d'un homo. L'enfant différent d'aujourd'hui, celui qui porte en lui l'adulte normal de demain, peut dormir sans trembler. Bonne nuit, nos chers bébés, la liberté est bien gardée.

Convictions psychiatriques

Voilà, c'est voté ! Frigide Barjot peut retrouver son légitime anonymat et bachoter son prochain coup d'éclat : l'opposition criarde au vote des étrangers. En attendant, on ferme le ban des jésuites et on publie celui des tantes. Elles ont gagné ! Après les homos belges, anglais, slaves et monégasques (n'allez pas me faire gober que Charlène de Monac est une femme), tous les homos de France et de Ringard vont enfin pouvoir commettre la même bourde que leurs parents : c'est-à-dire mettre une cravate dans une salle des fêtes à la décoration sinistre et murmurer un « oui » fébrile à l'objet idéal de leur goût provisoire, devant un maire aux blagues de fiscalistes, tout en doutant déjà du bien-fondé de cette injonction à la fidélité. Peu importe, mes frères, du moment que cette loi fout les jetons à ceux qui foutent les jetons à tous ceux que j'apprécie, épousez-vous ! Et puis disparaissez ! Car j'ai beau être derrière vous (façon de parler), marre de vous voir beugler vos amours vindicatives, nibards et braquemarts apparents, le long d'avenues autrefois fréquentées par des gens fréquentables !

--

Les homos rentrent au bercail. Et pourtant, cette semaine, on trouve encore des folles partout, même chez les hétéros : Dominique Tapie, la femme de Bernard, est une sacrée nympho. Des preuves ? En un seul mariage, elle a tout de même trouvé le moyen de se taper à la fois un chanteur, un vendeur de baskets, un patron de club de foot, un ministre de gauche, un taulard, un bon acteur de cinéma, un mauvais comédien de théâtre, un leader antiraciste, un soutien de l'UMP, un patron de presse milliardaire et, si l'on en croit les derniers rebondissements dans l'affaire d'arbitrage, cette gourmande quinquagénaire ne se range guère des bagnoles, puisqu'elle s'apprête à mettre le grappin sur un futur pauvre ! Comble de la perversité : tous ses amants s'appellent Bernard Tapie. À la question : « Profession du mari ? », il paraît qu'elle s'évanouit. Dans ce défilé de braguettes et de casquettes, entre deux montagnes russes financières et trois tournantes politiques, l'infidèle ne sait jamais si elle passera l'été prochain à l'ombre du parloir de Fleury-Mérogis (en face d'un plouc) ou sous le cagnard des Bahamas (en face d'un plouc). Cela dit, à l'heure où pullulent les tentatives de rénovation du rapport amoureux et les clubs échangistes, voilà la seule mère de famille qui aura su réconcilier partouze et tradition. Car, chez les Tapie, on se grime, on se souille et on se déguise, mais sans jamais tomber le tailleur Chanel et la cravate Cardin !

--

Puisque je vous dis qu'elles sont partout, les folles… même chez les idoles.

Johnny Hallyday ne vient-il pas de regagner la chambre qu'il partage depuis des litres avec Depardieu à la clinique franco-belge des alcooliques maniaco-dépressifs ? On peut les admirer l'un et l'autre, ce qui est largement mon cas, mais sachons gré au fisc d'avoir éloigné leurs deux foies malades. Comme Gégé, Jojo a bu sa gloire jusqu'à la lie. Après une cuite record (qu'il entama avec Sylvie, prolongea dans Nathalie avant de se réveiller, groggy, dans le désert des regards de Lætitia), Johnny titube d'ennui, et se vautre dans le buzz comme Goldman dans le silence. Depardieu et Johnny, deux géantes raisons pour les vedettes en herbe d'arrêter de picoler avant de gerber sur leur étoile posthume. Quand Gégé tapisse les murs de sa cave avec des passeports étrangers, Jojo rote quelques piques (sur Hollande et Sardou – c'est dire s'il vise large) dans le torchon biographique d'une infirmière de luxe[1].

Les tarés. Encore ! À la une du *Nouvel Obs* : « Bipolaire, le nouveau mal du siècle ». Sur nos écrans de cinéma : *Happiness Therapy*, qui parvient à nous faire rire et chialer de plaisir en filmant le tango d'un bipolaire suicidaire avec une nympho paranoïaque ! Sur le papier, c'est « Envoyé spécial à Sainte-Anne », mais à l'écran, c'est Woody chez Ken Loach. Même pas triste ! Du tout. Parce que c'est nous. Possiblement nous. Hier ou demain. La preuve ? C'était moi. Le moi d'un bain moussant dont je te parlerai plus tard. Le moi qui ne s'est pas découvert « de gauche » suite à des pressions familiales, politiques ou médiatiques,

1. Dans ce livre – *Dans mes yeux*, Plon, 2013 –, Johnny venait notamment de dénoncer l'assistanat et la médiocrité encouragés par la gauche.

mais plutôt au lendemain d'un désastre psychiatrique ! Vers le vilain âge de vingt ans, la dépression fit pression sur moi : dès lors, comment juger un « raté » ou un simple « feignant » avec la rudesse d'Alain Minc quand on a soi-même bavé quelques longs mois devant la télé, hésitant péniblement entre mater TF1 pendant sept heures d'affilée ou M6 pendant huit heures (avec pause boulimie). Comment zapperais-je ces semaines à regarder flamber la page blanche de mon avenir ? « Un comprimé contre les idées fixes, deux contre les idées noires… Merde, plus d'idée du tout ! On va où ? » Car le syndrome de la « tête vide », le chagrin brûle-projet, la crise de dépersonnalisation nique-neurones et autres bugs mentaux peuvent s'abattre sur n'importe quel cortex de compète élevé dans le coton. PERSONNE n'est à l'abri. Ni la fille de Johnny, ni le fils d'ouvrier, ni le fils Depardieu, ni la cousine de qui tu veux. Durant ces deux dernières campagnes, ce fut LA différence entre Sarko et tous les autres : ce petit bonhomme – incarcéré dans l'intolérance de sa bonne santé psychique, incapable de s'extraire de son prisme, de ses vertus, de son milieu, de son déterminisme – n'a jamais pu comprendre qu'on ne puisse pas, qu'on ne sache plus, réussir comme lui, gagner comme lui, vouloir comme ses amis. Lorsqu'un riche de la droite que j'aime pas dit : « Je me suis battu, merde ! C'est à mon opiniâtreté que je dois ma belle vie », un riche de la gauche que je préfère se contente de concéder : « Je me suis battu, certes, et je ne m'interdis aucune fierté, mais des forces étrangères à ma propre volonté m'ont donné la force de lutter, plus qu'un autre. » Le charme est une chance, le talent aussi, tout comme la beauté, la force de travail, la sympathie, l'intelligence… Même la bonté est une chance relative aux autres chances.

La grande différence entre Johnny et moi (outre sa carrière, son talent et ses hanches en plastique), c'est que Johnny, lorsqu'il regarde un chômeur dans les yeux, se dit : « Comme c'est triste, mais il n'a qu'à se bouger : c'est pas à moi de payer pour sa médiocrité. » Moi, quand je regarde Johnny, je me dis : « Comme c'est triste, un clochard peroxydé, mais ça pourrait être moi, alors essaie de lui pardonner son imbécillité. »

Débranche !

Hier soir, ma blonde m'a traîné dans une soirée branchée. Une fois de plus, elle s'est étonnée que je le sois si peu, elle qui, comme beaucoup, a fini par croire à la réputation que mes chroniques m'ont taillée dans les veines. Celle d'un dandy abonné à toutes les fêtes, tous les cercles et toutes les lignes. La vérité, que le monde entier ne salive pas de connaître, c'est que j'ai toujours préféré les secondes aux premières de théâtre, que je lis l'an prochain le bouquin d'Emmanuel Carrère qu'il fallait lire l'année dernière et que je boude les yeux fermés le film de Farhadi qu'adore *Libé* les yeux fermés. J'ajoute que je ne bouffe presque jamais cette foutue mozarella *di buffala* servie à même le bar de ce bistrot *so arty* du XIIe « dans lequel Édouard Baer était hilarant hier soir ». C'est à désespérer mon ami Beigbeder qui, du coup, l'est de moins en moins.

––

Fut une époque où, novice en « je suis dans le coup », je traînais avec Justine Levy ou Léa Seydoux. L'une parce que son mec me faisait beaucoup rire, l'autre parce qu'aucun mec ne la faisait beaucoup rire. Il m'arrivait aussi de partager une cuite avec Frédéric

Taddeï – le seul journaliste dont les questions sont si malignes qu'elles rendent toute réponse superflue. Enfin, je fréquentais une journaliste de *Elle* qui, le cul posé sur une pile des *Inrocks*, parvenait à animer une sorte de masque et la plume, tous les soirs, dans la cuisine de son meublé. Ces gens-là sont branchés. En cela qu'ils courent après le bruit qui court. Le bruit court que Louis Garrel est beau et que Mélanie Laurent joue comme une patate – la même patate dont le bruit court que, depuis une semaine, elle est meilleure en robe des champs. (Il est possible que Louis Garrel, qui ne s'est jamais pris pour la queue d'une poire, ait lui-même lancé cette rumeur. Quant à Mélanie Laurent, elle s'excusera à vie d'avoir plusieurs talents, dont celui d'être au courant.) Le bruit court que Noémie Lvovsky a le génie de François Truffaut dont le bruit court que c'est le plus grand cinéaste du XXe siècle. Le bruit court que *La Théorie de l'information* d'Aurélien Bellanger est digne de Houellebecq dont le bruit court que c'est le plus grand écrivain du moment… etc, etc. Mais le bruit court si vite qu'il y a longtemps qu'à force de le poursuivre, un point de côté m'a collé sur mon banc, duquel j'observe en crapotant les panneaux publicitaires et la une des journaux.

--

Les branchés sont des beaufs. Et pour preuve : ils font tous la même chose. Par exemple, Jeanne Balibar, Isabelle Huppert, Arielle Dombasle, Valeria Bruni Tedeschi et Anna Mougladis veulent toujours tourner dans l'adaptation des mêmes livres avec les mêmes cinéastes et les mêmes partenaires en même temps. Non pas qu'elles souhaitent toutes se nourrir du talent des plus grands

– il y a dans ma liste plusieurs triples-andouilles que je mets au défi, sans le fumet de la rumeur, de faire la différence entre une sauce de Claude Sautet et un bouillon de Danièle Thompson – mais parce qu'on leur a soufflé que les trois autres pensaient que ça décrocherait la palme d'or. L'été, les beaufs vont tous en boîte à Cannes. Les « branchés » aussi, mais au printemps. Car ces derniers sont rarement plus sensibles, exigeants ou clairvoyants : ils ont juste un agent. À la différence des « ploucs » – qui, selon les branchés, veulent faire des entrées et du chiffre – les branchés veulent des prix, ce qui n'est pas si con, vu que les prix font parfois des entrées. Entre les « ploucs » et les « branchés », il y a Jean Dujardin, qui a tout : les entrées comme les prix. Et puis il y a moi, qui n'ai rien, excepté mes entrées chez Jean Dujardin, ce qui n'a pas de prix. Je l'accompagne, il m'accompagne, on pose nos fesses entre leurs chaises. Je lui fais rencontrer des romans démodés, il me présente à des nanars poussiéreux. Et on regarde la danse du ventre que lui font aussi bien les « populaires » que les « branchés ». Parfois, on les mélange. Les « populaires » trouvent ça « intimidant », les branchés trouvent ça « intéressant ». Quant à Jean, il trouve que, d'un côté comme de l'autre, ça manque de très bons scénarios.

--

Ce n'est pas se placer au-dessus de la mêlée que de ne plus s'en mêler. Les « beaufs » me trouvent « branchés » et les branchés ne me trouvent plus. En fait, le seul endroit branché que j'aimerais fréquenter serait celui qui le serait devenu après que j'y fus venu. Je pourrais alors dire : « C'est un endroit merveilleux, d'ailleurs on m'y a vu vendredi dernier. » Car, contrairement à ce que chantait si bien Brel – qui n'était ni « beauf » ni « branché » : il est moins humiliant d'être suivi que suivant.

--

En sortant de chez moi, je tombe justement sur la jolie Léa Seydoux. Elle habite à deux rues. Elle habite surtout à Roissy, vu qu'elle enchaîne les tournages aux quatre coins du monde. On marche. On se raconte nos vies si différentes. Fidèle à elle-même, elle est restée fidèle à ce cinéma « branché » qui – parfois – donne des chefs-d'œuvre. Le succès n'a pas soigné sa timidité maladive. Je l'ai connue dans un bar alors qu'elle regardait ses pieds. Aujourd'hui, je la regarde les regarder dans des films américains. En ce moment, elle tourne – jusqu'à l'écœurement – avec ce génie psychotique et tortionnaire qui nous avait offert *L'Esquive* et qu'aucune actrice branchée n'a le culot d'esquiver. Je la sens à bout de nerfs. Répétant « je l'adore » pour se donner le courage de finir sans bleu (excepté celui de ses cheveux, teints pour le rôle) ce marathon émotionnel. « Il m'a prise, puis il m'a renvoyée, puis il m'a finalement reprise, je ne sais jamais si je lui plairai encore la semaine suivante, mais j'ai l'impression que le film sera bien, s'il ne brûle pas la pellicule d'ici demain. » Quelle patience. Personnellement, Abdellatif Kechiche ou pas, il y a belle lurette que je lui aurais fait avaler son scénar par le cul. C'est sans doute en ceci que je ne suis pas une vraie actrice. Je ne souffre que devant mon ordi, quand j'écris des bêtises avec le sérieux d'un garde-frontière coréen. En revanche, un tournage doit rester du plaisir. Ensuite, Léa me raconte qu'elle retournera devant la caméra de Rebecca Zlotowski – qui n'est pas Groucho Marx non plus ! Le genre de cinéastes qui vous parle assez longuement de « la corporalité du jeu » et des « silences éloquents ». On voit bien ce qu'ils veulent dire, mais on préfère le voir que l'entendre. Là-dessus, j'invite Léa à visiter mon nouvel appartement, elle qui ne m'a connu que dans des petites surfaces. Je sens son regard se poser sur chaque meuble, chaque tableau. En matière de fringues, de lectures, de mobilier, les goûts de Léa sont rigoureux. Comme ses choix de films. D'où mon impression subite que mon salon lui fait l'effet d'une comédie avec Franck Dubosc. D'autant qu'elle parle peu, mais ses « silences sont éloquents ». « La déco te ressemble, finit-elle par lâcher. » Ce qui, dans sa bouche, n'est pas forcément gentil. Je lui parle de mes projets. Elle trouve ça « rigolo ». À l'époque où l'on se voyait davantage, je faisais des chroniques à la télévision qu'elle s'arrangeait toujours pour louper, allumant son poste au générique de fin. « Tu les as fait marrer ? » me demandait-elle ensuite. Ce à quoi je préférais l'éloquence de son silence. Du coup, un soir, alors qu'elle sortait d'une dure journée de tournage, je lui ai demandé : « Tu les as fait chialer ? » Elle a trouvé ça vulgaire. J'ai dit : « Nous sommes d'accord. »

Trois ans plus tard, c'est une star. Et je lui fais un thé. Elle regarde ses pieds. Ils vont finir par lui répondre. Je profite du silence pour observer ce beau visage – que j'ai assez peu vu, mais que je connais par cœur. Je comprends qu'ils la filment. On a envie de la bousculer devant une caméra. Un soir que j'étais de très mauvaise humeur, je lui avais dit : « Tu es une énigme qu'on n'a même pas envie de résoudre. » Elle s'en est allée faire du mystère ailleurs. Refusant l'hypothèse de n'être pas intéressant, je me rassure en me disant que les belles indifférentes qui nous toisent se feront chier jusqu'à leur mort. Péché d'orgueil, esprit de survie. Heureusement pour l'avenir du cinéma d'auteur, l'ennui qu'expriment les yeux mélancoliques et la moue chagrine de Mlle Léa Seydoux a le grand avantage de ne pas, lui-même, nous ennuyer. Nous ne sommes pas du même pays, mais c'est la reine du sien. Le pays des branchés.

Peut-être qu'un jour viendra où je retrouverai une prise.

Le mauvais cheval

Il y a quelques années, une de mes plus vieilles amies, souhaitant faire oublier son fastueux passif de night-clubbeuse érotomane, autorisa Sylvain T. à jouir en elle en pleine période d'ovulation. Neuf mois plus tard naquit Lila, ma petite filleule qui, huit ans plus tard, vient de verser de chaudes larmes en apprenant que le filet de bœuf breton qu'elle est en train de mâcher galopa sans doute, crinière au vent, dans une prairie bulgare[1].

« Parrain, me demande-t-elle, tu crois que je suis en train de manger Tangara ?

– C'est qui, Tangara ?

– C'est le poney que je monte à Boulogne, le mercredi après-midi.

– Non, ma chérie, rassure-toi, c'est moi qui ai fait les courses, je gagne mieux ma vie que ton père, et je suis moins économe avec la santé de ma famille, du coup je me ruine chez un boucher étoilé au Michelin.

– Donc, c'est de la viande ?

– Non.

1. On venait de retrouver du cheval dans la viande de la marque Spanghero.

– C'est quoi ? demanda-t-elle, le regard prêt à se noyer.

– C'est Félix.

– C'est qui, Félix ?

– Félix, c'était le fils de Claudine, une vache aux yeux clairs qui aimait à cueillir des bouquets de fleurs avec ses dents. Un jour, Claudine fit un câlin avec Max, le roi des bœufs, un majestueux gaillard à moitié castré qui s'amusait à faire peur à Goethe, le chien de troupeau. Un matin, Virginie (la cigogne) leur apporta Félix, un bébé bœuf adorable qui portait des lunettes vertes.

– Il portait des lunettes vertes comme moi ?

– Oui, mon ange, les bébés veaux sont myopes. Ensuite, le fermier et la fermière d'Europe Écologie mirent des tas d'herbe bio dans la bouche de Félix pour qu'il devienne gras comme ton père. C'est là que Félix se mit à draguer Babou, un de ses cousins bœufs dont il tomba fou amoureux.

– Il aime les garçons, Félix ?

– Oui, et alors ma chérie ? Ça n'a rien de cochon. D'autant que Babou n'était pas la dernière. Un matin, juste après qu'on les a mariés dans un champ de lavande désinfectée, le fermier d'origine contrôlée a fait rentrer Babou dans un couloir sombre et étroit, une sorte de discothèque à la mode.

– C'est quoi ?

– Demande à ta mère. Bref, tu penses bien que Félix, de nature très jalouse, n'a pas lâché son Babou d'un sabot. Le voilà donc coincé dans une file indienne de copains bœufs désorientés. Là, un monsieur – qui ressemble un peu à ton père – a déclenché une sorte de pistolet qui a "étourdi" Félix en lui faisant un petit trou dans le crâne, là, juste en dessous de ton serre-tête. Félix a flanché sur ses pattes, un peu comme ta mère du temps où elle était facile, inconsciente mais pas morte. Une sorte de coma dont le brave Félix, lui, ne sortira jamais. Pour la simple et juteuse raison qu'on l'a placé sur une chaîne d'abattage et qu'un autre monsieur – qui ressemble aussi à ton père – l'a égorgé, puis d'autres personnes qui ressemblent à ton père l'ont dépouillé, lui arrachant son doux pelage couleur chocolat au lait, puis sa langue, puis son foie, puis ses côtes (tu sais, celles que tu te tenais quand je te faisais rire dans la piscine cet été), puis ses jambes, celles grâce auxquelles il trottinait derrière maman Claudine, c'est d'ailleurs la partie inférieure de la cuisse gauche de Félix que t'es en train de mâcher ! Donc, rassure-toi, ma puce, ce n'est pas du cheval. Pourquoi tu pleures, mon chat ? Lila, calme-toi ! Mange ! Si tu arrêtes de pleurer et que tu termines ton assiette, je te raconte l'histoire de Popin, le lapin que t'as bouffé hier soir. »

--

Cette année, je ne ferai pas d'enfant. Eu égard pour les enfants.

--

Quand je marche dans la merde, je trempe la semelle souillée dans une flaque, puis je la gratte contre le bitume, au pire je grimpe chez moi et je la lave à l'eau chaude, dans l'évier de ma cuisine.

Avec Jean-François Copé, c'est plus compliqué.

--

En effet, ce tartufe sans égal, qui s'est discrédité de manière spectaculaire durant les primaires de son parti, pense que quatre photos de famille et une interview cucu (ce matin dans *Paris Match*) vont nous récurer le cerveau de sa « mauvaise image ». La « mauvaise image » n'étant, selon le cynique, que l'écume de ses actes – prête à se volatiliser dans le vent violent de l'actualité. Le pire, c'est que c'est pas faux. Les Français sont des veaux. On nous « étourdit » à coups de com. Grâce au savon médiatique, Hollande – qui passait il y a peu pour un émasculé – se retrouve dans les bottes du général Patton sur le front du Mali. Sarko, rapetissé jusqu'à l'ensevelissement aux dernières élections, est aujourd'hui dépeint comme le Mandela de la droite républicaine. DSK, quant à lui, en passant directement de l'olympe aux catacombes, prouve que ça marche dans le sens contraire. Au gré du buzz, on se kiffe, on se bashe, on se like et on se délike. Du coup, le petit Copé, qui – contrairement à Félix – ne m'a jamais permis de comprendre s'il était fait de chair ou de formules publicitaires, arithmétise au grand jour sa remontée dans les sondages. En se déclarant vainqueur à la primaire de l'UMP, il triche ; en déclarant son cœur à la une de *Paris Match*, il triche. L'art de laguéguerre selon maître Copé :

1. Faire du pied au FN, quitte à affaiblir mon camp. 2. Grimper dans les sondages. 3. Réfuter toute alliance frontiste et me poser en rassembleur. 4. Merde, je grimpe pas assez. 5. Refaire de la lèche au FN. 6. Grimper un peu. Merde, pas assez. 7. Tricher aux élections. Mais dire que l'autre aussi. 8. Ne pas négocier. Mais dire que l'autre non plus. 9. Encaisser. 10. Allez vous faire foutre, je suis en ciment, j'attends. 11. On me crache dessus ? J'ai des Kleenex. Je suis le roi d'un

cimetière, mais je passe encore à la télé. Qu'est-ce qui me manque ? Ah, merde : l'estime des gens, l'amour et toutes ces billevesées ! Où ça s'achète ? Dans *Paris Match* ? « J'ai un cœur. » Ma femme d'origine algérienne ? « Viens là, toi. Fais l'Arabe. Déraciste-moi. » TF1 ? « Sont méchants avec moi. » Un bouquin ? « C'est pour la France, tout ça. » Démissionner ? « Je vois pas le rapport ! » Céder la place ? « Jamais ! Plutôt bouffer du cheval en méchoui dans une mosquée de banlieue. »

Copé me rappelle ces fayots qui, au collège, offraient des petits cadeaux aux profs, juste avant le conseil de classe. On avait beau les siffler, ils rentraient les épaules, imperturbablement, certains de pouvoir se rattraper, quelques semaines plus tard, en invitant la moitié du bahut à leur goûter d'anniversaire. Pour eux, l'amour est un commerce. Comme pour les putes, sauf que, dans le cas présent, ce sont les clients qui se font mettre. Voilà pourquoi, soyez prévenus : si les Français lui pardonnent, je ne leur pardonnerai pas.

Les nominés sont… trop payés !

Deux ans après l'affaire du Sofitel, *Le Nouvel Observateur* saute sur l'info, en consacrant sa une au témoignage historique de l'ex-maîtresse de DSK. Bravo. La semaine prochaine, *L'Express* réplique en publiant l'échographie du vagin de Nafissatou Diallo, suivie d'un dossier choc dans lequel on apprend que, sur un plan strictement idéologique, l'ex-patron du FMI entreprend un virage sodomite, s'éloignant dangereusement d'une position missionnaire plébiscitée par les Français. Sur le brûlant dossier de la fellation, sa position surprendra encore beaucoup d'économistes puisqu'il la préconise après le coït, en dernière impulsion avant l'éjaculation. À la suite de quoi nous nous indignerons dans les pages de *Marianne*, tant nous trouvons pernicieux qu'un politique de premier plan néglige des préliminaires progressistes et paritaires, tels que l'introduction digitale et le pelotage mammaire. J'entends déjà Jacques Attali, partisan d'un éros faible, me conspuer dans *L'Express*… Peu me chaut, je suis chaud.

P.-S. : Je tiens ici à préciser que l'exil d'Anne Sinclair, dont on vient d'apprendre le départ pour Tahiti, n'est pas motivé par les mesures fiscales, mais par l'ordonnance de son psychanalyste.

—

Cérémonie des César. Afin de redorer l'image du cinéma français accusé de gaspillage, la soirée sera finalement présidée par M. Patrick Chamoux, acteur intermittent mondialement célèbre dans l'ascenseur en panne de son HLM. Ce dernier, dont le charisme n'est pas sans rappeler que le Premier ministre n'est pas si transparent, ne fut payé que soixante-quinze euros pour cesser de jouer dans un film amateur produit par sa sœur. Bel effort ! À l'heure où les excès excèdent l'opiniâtre opinion aigre-française, cette modestie confine au génie. La catégorie « meilleure actrice » sera rebaptisée « actrice la plus rentable », l'académie étant désormais composée d'experts-comptables au Crédit agricole de Mulhouse. Nous savons donc d'ores et déjà que la gagnante sera Emmanuelle Riva, pour ses talents de longévité discrète, sa fabuleuse propension à décéder dans des délais raisonnables et sa promesse de ne plus en faire aucune. Quelques surprises, néanmoins, dont la lapidation de Dany Boon et de Gérard Depardieu par Philippe Torreton[1], lorsqu'ils fouleront le tapis blanc, puis rouge. Marion Cotillard sera représentée par son agent de police des douanes, qui profitera de l'occasion pour dévoiler le montant du chèque qu'elle compte faire à divers organismes sociaux, la star (qui, à ce terme présomptueux, préfère l'appellation « personne médiatiquement avantagée ») souhaitant rappeler à son public qu'elle n'est pas « insensible aux enfants malades, de préférence handicapés, de préférence physiques ET mentaux » et qu'elle possède, dans un flacon Dior, « la

1. L'acteur avait publié, en décembre, une lettre ouverte à Gérard Depardieu.

preuve des larmes qu'[elle] vers [a] face au discours des licenciés du site Florange ».

Antoine de Caunes, qui – par solidarité – n'a pas tourné depuis cinq ans, présentera la soirée en jogging et en duplex de Pôle emploi. Le clou de la soirée se fera à l'aide d'un véritable clou puisque Jean Dujardin se fera tatouer, sur le front, l'inscription « Je reste en France » par le comique Arnaud Montebourg, de retour après l'échec de sa tournée chez Goodyear, sous-racheté par le groupe Bad Day.

Pour finir, Isabelle Adjani et Emmanuelle Béart mettront aux enchères leurs pommettes et lèvres respectives, tandis que l'ex-Marocain d'origine pauvre Jamel Debbouze fera don de son deuxième bras, ce qui nous fera une belle jambe. On ne peut que saluer l'effort consenti par toute une profession afin de se rapprocher d'un peuple dont elle s'inspire souvent pour incarner des beaufs bouffis de rancœur dans des comédies populistes, car, comme le clamait Mireille Mathieu (avant de s'installer à Pékin) : « Notre salaire, c'est vos applaudissements ! » Notamment.

Rachida Dati, Anne Hidalgo, Nathalie Kosciusko-Morizet, Marielle de Sarnez et peut-être Cécile Duflot s'affronteront pour la Mairie de Paris. Du coup, je pense que… je… aïe ! Mais quoi ??!! Attendez !!!! JEttttttttttttttj kvvvvuyvkjjhjkjgg ghk dhods sdhgd-gxxxxxx (pardon pour le charabia de cette dernière phrase, mais la ligue des associations féministes, préjugeant quelques formules sexistes, vient d'interrompre la rédaction de ce chapitre).

--

Réunion marketing sur ma campagne promotionnelle d'*Amour et turbulences*, la comédie romantique que j'ai jouée et dialoguée (et qui sortira bientôt). L'attachée de presse me flingue du regard :

« Nicolas, me dit-elle, on a un gros problème.

– Quoi, m'empourpré-je, les projos tests sont des bides ?

– Au contraire, ça marche très fort.

– Alors quoi ?

– Ta fiancée.

– Qu'est-ce qu'elle a fait ?

– Elle t'aime ?

– J'espère.

– Tu l'aimes ?

– Je le crois.

– Tu comptes l'épouser ?

– Ce n'est pas exclu.

– Putain, c'est pire que ce que je pensais ! On a misé un max sur ton image pourrie de séducteur queutard célibataire. Et voilà que, sur le tournage, tu tombes sur cette conasse et décides soudain de virer "gendre idéal casanier" ! Sur notre cible "minettes de 15 à 23 ans", c'est pire que d'être pédé !

– Mais non, c'est très attendrissant…

– Pas du tout, c'est très chiant ! On a raqué pour du bad boy, de l'écorché à consoler, du paumé surmembré, du dragueur dans le public !

– Mais…

– Quitte-la !

– Mais je veux pas !

– Alors fallait faire un polar, tête de con, ou un

drame familial. Du bon nanar de mec marié. Avec Gérard Lanvin.

– Et si je fais semblant d'être libre ?

– Comment ?

– En posant nu dans *Paris Match*, *Marianne*, *Gala*, *Glamour*, *Elle* et *Marie-Claire*. Avec dix meufs autour.

– Tu feras ça pour moi ?

– Bien sûr, tu me connais : je ne dis jamais la vérité. »

C'est à peu près ce que j'ai fait. Dans les journaux, sur les plateaux, pas un mot sur ma blonde. À la question « Vous êtes en couple ? », je réponds « Et ta sœur ? » Du coup, ma fiancée me regarde à la télé lui désappartenir, alors qu'à la maison je ne dors qu'à ses pieds, ne respire que son parfum, ne lis que ses textos, ne me lave que dans l'eau de son bain. Mais au micro, je tais consciencieusement ce que – pour la première fois – j'aimerais crier sur tous les toits.

Le jour où la presse s'est tiré une balle dans le cœur

Chers amis, Pleurnicheurs nostalgiques, Toxicos de l'info, Lecteurs de plus de quatre-vingts piges, Allergiques au Web, Pigistes à Pôle emploi ou Fétichistes des archives, si je vous réunis ce soir, c'est pour verser une dernière larmichette sur le kiosque funèbre des grands hebdomadaires français, cette presse dite « de papier » dont on s'apprête à disperser les cendres dans l'air inodore des sites d'actualité. Partageant vos sanglots, je pose un baiser fraternel sur vos mains orphelines qui aimaient tant tourner les pages d'un prestigieux newsmagazine. Au fond de l'église, j'aperçois la tignasse argentée de mon copain Giesbert : ne pleure pas, Franz, tu resteras toujours un brillant pamphlétaire, un conteur sans pareil, une girouette en or massif, doublé d'un romancier sensible que l'hyperactivité a, depuis belle lurette, immunisé contre le chômage. J'aperçois aussi – perché sur un autel portable, au tout premier rang et braqué par la caméra de son propre iPhone – le regard perfide du petit Christophe Barbier, bavard professionnel dont les fastidieux raisonnements ne tendent à prouver que sa propre agilité rhétorique (beaucoup espèrent le jour où il s'étranglera dans son écharpe rouge). Mais n'est-ce pas Laurent Joffrin, encore plongé dans la lecture de

Mes sept mois dans une porcherie, récit précieusement littéraire ? Commençons la litanie :

« *L'Express*, mort pour la France – *Le Point*, mort pour la France... »

Ce à quoi certaines veuves rancunières répondraient :

« *L'Express,* mort par et pour *L'Express.*
– *Le Point,* mort par et pour *Le Point.*
– *Le Nouvel Observateur,* mort pour la grande littérature.
– *Marianne,* mort contre Sarkozy.
– *Le Fig Mag,* mort pour Sarkozy... »

Car, au-dessus de leurs tombeaux, vos langues de vipère se délient, et chacun chuchote sa version de l'accident : n'entends-je pas l'un d'entre vous parler d'un génocide orchestré par le Web ? D'autres, plus sévères, évoquent un suicide collectif précipité par ce mercantilisme éditorial dont l'angoisse fut l'amphétamine et qui, à trop vouloir séduire dix lecteurs de *VSD*, perdit aussitôt vingt lecteurs lucides. Je remarque enfin, au dernier rang de l'église, cette dernière catégorie d'entre vous, celle qui impute l'agonie des tirages aux ravages d'une présidence bien trop « normale », mollement communicante, nous poussant presque à regretter, du moins sur le plan commercial, l'hystérie du feuilleton sarkozyste.

Pour ma part, je camperai ici le rôle de l'oracle magnanime, le Bossuet faux cul qui – la voix violonée et le regard humide – fond l'ensemble des thèses dans une seule épitaphe : « Moi, presse nationale, en 2012, sous la pression des chaînes info et du microblogging, j'ai perdu les pédales, bousillé mes rotatives et ma crédibilité. »

Chers hebdos moribonds,

Il se trouve qu'en qualité de chroniqueur obscène pour le magazine *Elle* et le journal *Marianne*, je lis vos œuvres chaque semaine, afin de humer l'air de l'instant et tenter de cerner l'appétit du lectorat. Ayant omis d'ordonner à ma soubrette philippine de jeter vos numéros périmés, vous vous êtes empilés sur ma large table basse. Or, la simple confrontation entre vos couvertures successives provoque, selon qu'on est nihiliste goguenard ou moraliste sourcilleux, un fou rire ou une colère carabinée. Dans mon cas, ce fut les deux. Car, nom d'un cul de Malien, que de reniements ! Que de racolages ! Que d'autocontradictions, d'une semaine sur l'autre – voire d'un jour sur l'autre si le procureur décide d'inclure à ce dossier les sites dont vous êtes responsables.

Le gouffre DSK

Son agonie médiatique coïncide avec la vôtre. Ça commence par une aubaine. BFMTV jubile, vos tirages frétillent. D'ailleurs, si j'étais vous, j'aurais titré « Merci ! » au-dessus du roitelet menotté, tant la pauvre bestiole fit vos choux gras (très, très gras). Et pourtant… juste avant l'affaire du Sofitel ne le décriviez-vous pas comme le sauveur d'une gauche désuète ? J'ai vos articles sous les yeux : vous le caressez dans le sens du Graal, le pressez de se décider à troquer son jet du FMI contre une Safrane présidentielle, nous jurant qu'il est le seul remède à une réintoxication sarkozyste. À côté de lui, Hollande n'a, selon vous, ni les épaules économiques, ni les burnes idéologiques, ni le CV, ni le charme, ni RIEN. À la limite, Martine Aubry vous apparaît comme Première ministrable. Et encore. Puis il y eut ce drame sordide qu'il ne vous a pas fallu trois semaines pour décrire comme un « miracle ». En effet, à vous lire, soudain tout le monde « savait », à commencer par l'UMP qui, tôt ou tard, l'aurait écrabouillé de révélations graveleuses. En outre, nous rappelez-vous, au-delà de son talon d'Achille priapique (dont vous nous offrez des détails plus précieux chaque semaine), il y avait les casseroles financières, l'épouse trop riche, la dualité libéralo-sociale, bref, le mimétisme avec Sarko qui nous aurait conduits au désastre. Virtuose acrobatie d'analyse rétrospective ! Pire, afin de branler le lecteur égaré sur la Toile, vous continuâtes de nous harceler avec les nouvelles frasques de votre ancien champion. Et là, même moi (qui ne passe pas pour un prude), j'écarquille les yeux : non, d'aussi prestigieux canards ne vont pas tremper leurs plumes dans le témoignage douteux de quelques entraîneuses ? On va se gêner ! Pour le menu d'une partouze au Carlton, rendez-vous page 16. Pour le portrait de Dodo la Saumure, un buffet vous attend page 35. Pour la visite guidée de son « palais » marocain, reluquez donc la page 17. Pour le déballage d'une ex ? On vous offre la une ! Pourquoi un tel acharnement, étant entendu que, sur le plan politique, DSK s'était déjà muré tout seul dans un caveau cadenassé ? « Parce qu'il faut vendre, mon p'tit bonhomme, la crise ne connaît pas la crise. »

Leurs affaires sont vos affaires. Le public avait faim. D'une fin sans fin. Alors, pourquoi le brider et faire appel à sa pudeur quand on peut le gaver jusqu'à l'indigestion ?

Évidemment, chaque opération commerciale est « politiquement » ou « sociologiquement » justifiée. Voir cette semaine l'écœurant récit de Marcela Iacub, auquel *Le Nouvel Obs* vient de consacrer sa une, et que l'estimable Laurent Joffrin, visiblement très emmerdé, ose défendre ainsi : « Il entre dans les attributions d'un grand magazine d'actualité de rendre compte de la vie littéraire. » Rires. Que n'ont-ils pas offert leur couv aux quinze véritables chefs-d'œuvre publiés cette année ? D'autant que, sur le plan stylistique, l'ouvrage en question, « truffé » de répétitions et de pieux communs, est un lupanar de métaphores éthologiques, une énième philosophade tentant de faire rentrer au forceps une farandole de détails « symboliques » dans un concept étroit. « Car ce livre, poursuit Joffrin, conduit le lecteur à une réflexion sur notre époque. » Sérieusement ? Bien sûr que non, puisque plus rien n'est sérieux, excepté les humoristes. La vérité – de l'aveu même d'un journaliste de *L'Obs* –, c'est que les patrons du journal, en dissimulant l'opportunisme de leur « couv » derrière l'importance littéraire du bouquin, nous mentent autant que cette Christine Angot du riche nous ment (ou se ment à elle-même) lorsqu'elle justifie sa démarche par l'« universalité psychologique » (« porcine », diraitelle) du sujet, alors que c'est précisément la singulière célébrité du « porc » qui l'a tant fascinée. Un grand hebdo fait donc sa une sur un torchon motivé par les unes que son sujet fait depuis des mois : les porcs se mordent la queue ! DSK ou les poules aux yeux d'or.

C'est à ce moment précis que, de façon très franche, les newsmagazines adoptèrent les réflexes de la presse poubelle. On sait que les tabloïds effectuent des tests pour pointer les stars provisoires dont les tribulations contentent leur voyeurat. En découlent des unes traficotées. Quand Rihanna chope une angine, la voici proche du trépas. Quand Dujardin décide de passer un week-end entre potes, le voilà séparé de sa femme, bientôt divorcé. Il arrive, par miracle pour eux, que Delarue meure pour de bon ou que Johnny Depp se sépare officiellement de Vanessa. Pour vous, hebdos d'information, bibles de l'opinion, il vous suffit de remplacer les people par des ministres, et le mauvais tour est joué. Sarkozy serait en désaccord avec son Premier ministre ? Ça donne : « Pourquoi ils se haïssent ? Récit d'une rupture consommée ». Le même Sarko perd deux petits points dans un sondage (discutable) ? Vous titrez « La dégringolade ».

Seul problème : en rassasiant la fringale des lecteurs, vous les rendez boulimiques, pis, vous influez sur le réel. Que Rihanna soit enrhumée ou subclaquante, voilà qui ne changera pas l'économie hexagonale. En revanche, quand on sait l'amour que Sarkozy voue à sa propre image, il est aujourd'hui prouvé que certaines décisions majeures furent prises suite à l'une de vos campagnes trafiquées. Bien que vous brocardiez (à juste titre) son goût infantile pour les projets de loi impulsifs – dictés par l'émotion d'un fait divers –, vous n'avez cessé de l'alimenter ! Il lançait un pavé dans la mare afin d'éclabousser certaines de vos couvertures, les Français se voyant réduits à arbitrer ce bras de fer entre presse et pouvoir, entre le pouvoir et son miroir. Un match forcément truqué puisque la presse et le pouvoir poursuivent, au fond, le même objectif : vendre, plaire, exciter, exister.

Le syndrome Éric Woerth

Dieu me garde de m'attendrir sur cet obscur politicard. Mais l'occasion me fut donnée, il y a peu, de replonger dans les archives de cette sombre affaire. Nous participions tous deux à une grand-messe télévisée, lui pour son livre de justifications, moi pour mon recueil de provocations. Combien de unes et de gros titres n'aviez-vous pas fabriqués, quelques mois plus tôt, sur les malversations de ce type, sur ces accointances déplacées et ses fraudes supposées ? Durant de bien trop longues semaines, on s'est goinfré son crâne dégarni à la vitrine de vos hebdos. Seul problème ? Si une partie (non négligeable) de ses torts (non moins négligeables) fut judiciairement avérée, en subsiste une (plus modeste, mais objective) dont il fut blanchi par la suite, et ce dans votre indifférence la plus générale. Des centaines de vos pages enterrèrent gaiement la présomption de son innocence, et vous ne consacrez que quelques lignes (perdues dans la cave du sommaire) à ses relaxes relatives. Tant pis pour toi, mon pauvre Éric, tant pis pour cette image purulente qui te grattera la peau à vie, tant pis pour ta femme et vos imprévoyants gamins, mais le lecteur glouton s'était, depuis, jeté sur d'autres sucreries. Et la presse, comme le McDo, n'expose en vitrine que les burgers de la semaine.

Le virus Depardieu

Paris Match, Marianne, Voici, Le Point, Le Monde Mag, L'Express, VSD : même combat, même couverture. Laquelle ? Un dépressif au cerveau brûlé par des décennies de drogue et de biture part en couille et en Russie. Là-dessus, l'hypocrisie consistera à faire passer un pet d'ébriété pour un fait de société. « Les Français quittent le navire » ? « La politique fiscale de Hollande prive la croissance de nos riches » ? « La France coupée en deux » ? Non, Depardieu est un pochtron. Et, comme toujours, ça mélange tout, pour peu que ça ait du goût : les 75 % d'imposition, le « mirobolant » salaire des acteurs, le financement public du cinéma déficitaire, les échecs au box-office, la santé d'Obélix, les trois neurones de Johnny Hallyday fructifiés par Amanda Sthers. On mélange ! Et plutôt que de dénoncer l'aigreur malsaine engendrée par la crise à l'égard des idoles, des patrons, des sportifs, vous attisez le ressentiment à coups d'approximations racoleuses. La vérité ? Non, 98 % des acteurs ne sont pas surpayés. Non, les organisations publiques ne financent pas les films commerciaux, et encore moins les stars. Non, la plupart des riches ne rechignent nullement à payer leurs impôts en France. Mon meilleur ami s'appelle Jean Dujardin et il faudrait le payer (cher !) pour qu'il s'installe en Belgique, en Suisse ou aux États-Unis. Quant à ses « cachets monstres », ils sont allègrement concédés par des majors privées et des chaînes commerciales. C'est la loi d'un marché que, à tort ou à raison, les électeurs cautionnent. Seulement, si l'électeur est assez sage, le lecteur, lui, aime médire et maudire à outrance. Ça le soulage, ça le rassure, ça le console de sa vie douloureuse. On le comprend. Mais on tolère moins facilement que nos hebdos moutonniers, prenant le pouls de sa colère en jetant un œil jaloux dans la bassine de fiel que représente Twitter, s'empressent de flatter sa bile, d'enfler son foie rongé par les acidités.

Un exemple au mois de juin

Des millions de tweets sur Valérie Trierweiler ? Ils aiment ne pas l'aimer ? On va leur en donner ! Pour ça, bricolons des dossiers vite faits mal faits : l'avis d'un psy, le babillage d'un ex-nouveau philosophe, l'histoire des passions jalouses dans les alcôves du pouvoir depuis la Renaissance, le récit de leur rencontre, la réponse de Ségolène, la réaction (prétendue) de Hollande, des photos chocs en toc, un montage ironique à la une et l'affaire est dans le saccage. Et pas seulement un numéro : mais deux, mais trois, quatre ! Deux mois de répit commercial sur UN tweet. Évidemment, à cette époque, vous trouviez toujours un brillant rédacteur en chef (y compris à *Marianne*) pour arguer que le crêpage de torchons entre Valoche et Ségolène, à défaut de menacer la Ve République, éclairait d'un jour nouveau le caractère du président. Sérieusement ? Non, toujours pas.

Un exemple au mois de septembre

Des millions de tweets sur les mauvais débuts de Hollande ? Ils aiment être déçus par leur nouvelle recrue ? C'est parti, mon kiki ! « La déception », « Le grand couac », « Y a-t-il un pilote dans l'avion ? », « Pourquoi ça ne marche pas », etc. Peu importe que le bougre et son équipe viennent à peine d'acheter leur cartable, peu importe qu'une liste de couacs (autrement plus longue et plus grave) ait entaché le gouvernement précédent, peu importe que – dans moins d'une semaine – une conférence de presse soit prévue à l'Élysée afin d'expliquer le bilan, bref, peu importe la vérité : le public carnivore exige de la viande fraîche, de l'attaque personnelle, un titre qui sonne le glas, un pitch clinquant qui tienne en une formule, quitte à se faire lui-même frémir quant à l'avenir de ses enfants. À ce propos, petite scène de cynisme public : un soir, sur le plateau du Grand Journal où j'écoutais Alexis Brezet, le patron du *Figaro*, imputer à l'équipe de Jean-Marc Ayrault l'« invention » de la dissonance gouvernementale, je l'interpelle :

« Vous êtes gonflé, lui dis-je, vous vous gardez bien de rappeler à vos lecteurs les bourdes de l'équipe sortante.

– Vous avez raison, me dit-il en souriant, mais c'est de bonne guerre ! D'autant qu'on n'a jamais autant vendu depuis que la gauche déconne ! »

Mais que Hollande chute trois mètres après la ligne de départ, voilà qui ne vous suffisait pas : un bon scénar nécessite un rival. Manque de bol, le pénible Copé et le triste Fillon ne font peur qu'à leur camp. Du coup, on déterre Sarkozy (star de l'année dernière) et on lui fait cadeau d'un come-back en fanfare ! Allez, viens là, tu sers encore ! Ça donne du « Sarko, reviens », du « Et s'il avait raison », du « Le grand gagnant, c'est lui ».

Afin qu'il ne voie pas les cicatrices de ces liftings de com, le lecteur est prié de regarder droit devant lui, surtout ne te retourne pas, demande des comptes aux critiqués, jamais à la critique. C'est le jeu. Et tout le problème est là, la une de nos hebdomadaires est devenue un jeu : jeu de massacre, jeu de mots, jeu d'enfants, jeu de dupes.

Aucune pensée n'articule l'ensemble des unes que j'ai là, sous les yeux. Les épithètes se contredisent au-dessus de photos détournées de leur contexte, comme les essais graphiques d'affiche avant de sortir un film ou une pièce de théâtre. Et pourtant, c'est la vie, c'est ta vie. Ces unes et ces gros titres alimentent nos conversations, influencent nos votes – ou du moins l'idée qu'on se fait de l'opinion nationale –, ils provoquent les représailles de nos hommes politiques, enterrant indirectement certains des projets de loi qui vont régir notre société.

Le fantasme publicitaire enfante du réel : si Sarkozy va sans doute revenir dans le « jeu », c'est bien sûr parce qu'il y pense tous les matins quand il ne se rase plus, mais aussi parce que nos grands médias ont trouvé « divertissant » d'agiter son spectre dès que Hollande trébuchait. Il y a quelques mois, une amie américaine (qui ne suit la France qu'à travers nos hebdos) m'a appelé pour me dire : « Paraît que Hollande est une grosse brèle ? » Elle-même journaliste économique dans un news new-yorkais, elle venait de publier un article assassin sur l'image du président. Je ne dis pas que Hollande méritait une statue romaine sur les Champs-Élysées, ni qu'il m'enthousiasma jamais (c'est peu de le dire), mais quand on sait que, la semaine suivante, les vestes éditoriales se retournèrent en sa faveur, on a le droit de ne plus chialer sur la crise de la presse, on a le droit de passer devant un kiosque sans s'émouvoir de lire « La fin », « Le retour », « La discorde », « Le chaos » et autres accroches marketing qui ne s'intéressent qu'aux quelques euros qu'on déboursera pour lire ce qui est rarement « la fin », rarement « le retour », rarement « la discorde ».

J'entends certains en profiter pour vanter l'indépendance et le désintérêt commercial des sites d'actualité. Dans la plupart des cas, c'est pire ! Ils se monnaient à coups de clics, les portes pailletées de leurs gros titres débouchant, une fois sur deux, sur un terrain vague. Ils servent la séquence et draguent le buzz pareil, mais en temps réel. Encore moins de recul, moins de « pensée », encore moins d'intégrité. Exemple microscopique mais personnel : le mois dernier, j'avais donné une interview à *Marie-Claire*, magazine féminin dans lequel, à la question : « Vous avez vécu avec plusieurs actrices : pourquoi aimez-vous les actrices ? », j'avais répondu : « On ne peut pas généraliser. Il y a autant d'actrices que de femmes. Par exemple, entre Isabelle Huppert et Mathilde Seigner, vous admettrez qu'il y a un monde. » Dès le lendemain, les sites people, tout comme les sites d'actualité, titraient : « Bedos avoue une aventure avec Isabelle Huppert et Mathilde Seigner », suivi d'un fabuleux maquillage de mes dires. Une aventure avec Huppert ? C'eût été cinéphilique. Avec Seigner, c'eût été masochiste. Tant pis pour moi, c'était lancé : le lendemain, un taxi me balançait : « Mathilde Seigner ? Quelle idée ! »

Deux semaines plus tard, lepoint.fr, télérama.fr, lefigaro.fr, etc., relayaient une fausse info selon laquelle j'étais raciste. Il y a quelques mois, ils ont même recopié un ragot concernant ma liaison avec Jean Dujardin !

Bref, les sites d'actu repostillonnent n'importe quoi, faute de moyens, d'honnêteté et de recul.

Un incident

Mes chers frères, le jour décline et l'un de vous m'apostrophe du fond de l'église, me coupant dans mon élan procureur :

« C'est bien beau de "basher" la presse, me dit-il, mais pousserez-vous l'hypocrisie corporative jusqu'à épargner *Marianne*, votre cher employeur ? »

Tout à fait, frangin. Car, si *Marianne* n'est pas ma bible, il n'a guère bouffé à ce râtelier-là. En tout cas, moins que les autres. Certes, pendant des années, *Marianne* s'est langoureusement vautré dans l'anti-sarkozysme dit « primaire », augmentant davantage le plaisir de ses lecteurs amers que les lumières des indécis, mais on ne peut pas tout à la fois lui reprocher son acharnement et son incohérence.

Depuis plus d'un an, dis-je sans courber l'échine, *Marianne* fait preuve d'une transparence et d'une prudence souveraines à côté de ses grands frères : point d'empressement à idolâtrer Hollande, ni avant ni après, point de hâte à l'enterrer non plus, aucun retour « tant attendu » de Sarko n'est sorti de son chapeau, fût-ce pour le déplorer, aucun détail sordide sur les galipettes strauss-kahniennes depuis qu'il fut évacué de la vie politique. En outre, contrairement à tant d'autres, il ne lâche pas ses proies en fonction de l'opinion, quitte à chasser la perdrix quand la mode est aux lapins nains. Si *Marianne* se trompe, il a au moins le mérite de le faire dans la même direction, semaine après semaine.

J'ajouterai d'ailleurs, en guise de conclusion à cet interminable prêche, que, si bientôt la presse se meurt, ce ne sera pas de ses erreurs, mais de ces malicieux calculs ! Oui au bashing facétieux ! Oui aux errances ! Oui aux outrances ! Oui aux cabales, même, pourvu qu'elles servent la conviction d'un danger politique, oui aux virements de bord sans GPS : ils sont la preuve hebdomadaire d'une démocratie que je ne cesse, pour ma part, de trouver miraculeuse. En outre, finissons le pot de vaseline en rappelant que ces grandes enseignes débordent de plumes quatre étoiles : ne donnerais-je pas trois curetons gauchisants pour un Patrick Besson dont je diverge souvent ? Philippe Tesson, dont j'abhorre l'UMPisme pavlovien, n'écrit-il pas mieux que plein de jeunes boutonneux (dans le style Second Empire) ? Les critiques d'Éric Libiot et de François-Guillaume Lorrain m'embarquent au cinéma, celles de Busnel, Enthoven et Schneider me font traîner chez mon libraire, Renaud Revel et Emmanuel Berretta ont toujours une audience d'avance ; quant aux inoxydables ringards, BHL et Attali, ils ont pour eux le talent de nous rappeler combien la France est une poussière (presque autant qu'eux)… Bref, vive la foire aux vices de forme de pensée et le futur des subjectifs !

Sauf que ceux que je viens de citer, non sans flagornerie, sont tous « critiques » ou « chroniqueurs », précieux grains de sable venus gratter nos orteils au fond d'un mocassin trop neuf. Ils n'ont guère la responsabilité des éditorialistes qui – eux – disent moins ce qu'ils pensent que ce qu'ils pensent que nous pensons et que nous aimerions les voir penser (tu me suis ?). Vive les billets d'humeur… Mort aux billets de rumeurs ! Ceux qui, loin de croire à leurs erreurs, flattent un ricanement imposé par le marché. Allez, vous pouvez embrasser les dépouilles et glisser dans vos sacs quelques numéros collector.

Qui a tué une certaine presse ? Cette anecdote : Il y a quelques semaines, après que j'eus pointé l'hiatus spectaculaire entre ses deux derniers numéros, un patron de presse me répondit :

« Je sais bien, Nicolas, mais c'est plus drôle ainsi ! Avec les politiques, nous partageons une chance inouïe : les lecteurs-électeurs ne possèdent aucune mémoire ! Et ce qui compte, au final, c'est de faire marcher la petite boutique au gré de leur Alzheimer.

– Je vois. Notre amnésie vous amnistie. »

Et nous voilà ce soir. La boutique va fermer. Requiem d'enfoirés. Les grands hebdos s'enfoncent dans le trou de leur insécurité. Puisque c'est un jeu, nous les lirons pour jouer. Rarement pour penser. Pour ça, il y a les livres. Les livres qui ne cherchent rien à vendre, et tout à comprendre.

Amen.

Dialogue historique avec ma blonde n° 2

« J'ai pas envie de dormir.

– Pourquoi ?

– Parce que tu vas me manquer.

– Mais je suis là.

– Oui. Mais quand on dort, on est tout seul.

– Tu veux que je rallume et qu'on discute encore un peu ?

– Non, j'ai besoin de dormir, mais je veux que tu trouves un moyen pour qu'on dorme "ensemble".

– D'accord, ferme les yeux, endors-toi, je me concentre et j'arrive.

– Tu me promets ? Je t'attends. Ne me pose pas de lapin. »

Mes papes

Le pape s'en va[1]. Digne, libre, souverain. Soudain, mes larmes grimpent face à cette haute silhouette blanche qui disparaît lentement vers le paradis d'un repos bien mérité. Comme il nous aura fait rêver, nous tenant en haleine, messe après messe, dans un latin superbe de simplicité. (Je tiens à préciser que le début de cette chronique vient d'être piraté par un hacker catholique.) Personnellement, je m'en tamponne la coquillette que c'en est sidérant. Je ne sais pas qui est ce chanteur sans guitare, cet acteur non sous-titré dont j'aperçois parfois le regard pétrifié par le vieillissement cellulaire entre deux reportages de guerre, toujours surpris qu'une caméra s'éternise sur un puceau de la vie normale. Voilà belle lurette que les religions sont priées de poireauter sur mon palier, tant je leur dois mes pires soirées, celles où les sourds dialoguent entre eux jusqu'au verre de la discorde, lorsque des griefs hérités, tel un service à vaisselle, d'une grand-mère illuminée, viennent me voler un temps précieux. Les juifs de salon et leur Shoah portative qui leur sert de passeport en tous dieux, les barbiches musulmanes et leur testiculo-centrisme à

1. Le 11 février 2013, Benoît XVI venait d'annoncer sa démission.

peine voilé, les cathos et leur passion culinaire pour l'ectoplasme embryonnaire, les hindouistes désincarnés par l'espoir d'être – un jour – réincarnés en moule farcie, tout comme les sarkozystes convaincus que leur Christ remontera des profondeurs pour délivrer enfin son message de guéguerre, je leur ai dit : « Basta ! »

Chez moi, tous les prépuces font mine de se ressembler et, si on s'entre-tue, c'est au sujet du dernier film de Quentin Tarantino, de l'emploi des adverbes dans l'œuvre nabokovienne, de la cuisson de l'épaule d'agneau, du prix de la Heineken chez Carrefour City et de l'authenticité des seins d'Angelina Jolie. Pour le reste (Israël, plus ou moins victime d'un complot médiatique sur BFMTV ? La Mecque, plus ou moins branchée que Le Bon Marché ? La mère à Jésus, plus ou moins vierge que la sœur à Mourad ?), faut sonner chez le voisin ! Ce qui ne m'empêche pas, la nuit, une fois que tout le monde est parti vers sa patrie imaginaire, d'allumer une bougie et de me plonger dans une pièce de Paul Claudel (mon bigot de chevet) ou dans les larmes testamentaires de Primo Levi (mon déporté préféré). D'ailleurs, je parle à Dieu. Souvent. Je le remercie pour une bonne formule qu'il vient de jeter, gratos, dans mon encrier ; pour cette radiographie de mes poumons qui, en dépit de mes trente cigarettes journalières, semble satisfaire mon médecin généraliste ; pour l'intelligence de ma fiancée dont la voix continue de me charmer (en dépit de ses cent soixante-seize cigarettes journalières). Mais moi, mon Dieu, je l'insulte, aussi. Oui, je lui parle comme un Chartier quand il agit comme un boucher. Comme beaucoup d'anciennes victimes de TOC, je reste perméable à la pensée magique : de même qu'à l'époque de mon acné psychiatrique je devais éteindre trois fois ma lampe de chevet, refermer trois fois la porte de ma chambre, me sourire trois fois dans la glace avant de refermer trois fois le robinet de la salle de bains et qu'aujourd'hui encore vous me savez contraint de balancer trois vacheries par minute sur Jean-François Copé (et je ne vous parle même pas de mes obligations sexuelles, tant leur récit vous épuiserait), eh bien Dieu n'est jamais loin dans ma vie, cette corvée alternant coups de bol et fiascos. C'est le coauteur des infimes péripéties de mon quotidien, celui qui, sans rien foutre, partage les torts et les bravos. L'autre nuit, par exemple, on a vécu, lui et moi, un joli tête-à-tête. Je sortais de la projection de mon prochain film, suis allé dans la cour pour fumer une cigarette, savourant la moindre cellule cancérigène, eh bien, en bon copain, je l'ai convié à tirer quelques lattes avec moi, histoire qu'on se refasse le film du film ensemble, et me suis même surpris à lui dire : « Merci, connard, sur ce coup-là, t'as été plutôt cool. Évidemment, je crains le pire. » Car, en foutu chrétien, il suffit que j'aie un orgasme pour craindre la mort de mon père. Bref, vous l'aurez compris, j'ai un pape dans la tête. Mais rien à voir avec papy Ratzinger. Le mien est en pleine forme, il a un peu la tronche de Victor Hugo et je n'en parle jamais à table. Je veux bien partager le fromage, pas Dieu. D'ailleurs, j'ai trouvé une parade qui me permet de le garder rien que pour moi : je ne cesse de prétendre qu'il n'existe pas.

--

Stéphane Hessel, un vivant déifié, vient de nous abandonner. Dans un souci d'athéisme et de désacralisation, le plus vieux jeune homme de France a voulu faire preuve de mortalité. Quelle modestie ! Bien qu'il frôlât le nanisme, les pro-Israéliens perdent un adversaire de taille. Pas facile d'accuser d'antisémitisme un vaillant résistant. Du coup, le corps n'a pas eu le temps de refroidir que son procès posthume me glace. « Consensuel », « inutile », « symbolique ». Qu'importe, dans le genre « pape », je le préférais encore à l'Allemand du Vatican. Ces derniers mois, mon père et lui se voyaient souvent. Déjeuners d'indignés. « Beaux parleurs », doit-on médire dans les alcôves de la Realpolitik. Beaux parleurs ? Oui, très beaux. Si soucieux du sort d'autrui, des jeunes, des pauvres, des taulards, des femmes maltraitées et des Territoires occupés. Les poches vides de solutions, certes, mais les yeux pleins de larmes sincères. Deux très beaux parleurs indignes de mourir.

--

Demain matin, début de mes vacances « entre potes » décidées par l'un d'eux. J'ai pourtant insisté pour incruster ma blonde, leur jurant qu'elle joue très bien le bon copain, au point de se faire pousser des couilles par solidarité, mais non, Nico, on avait dit : « Pas de femme. » Ce qui veut dire plein de filles. Il est probable que ça drague sec sous mes yeux d'abstinent fébrile. On dit qu'il n'y a rien de pire que la tyrannie du couple quand on est célibataire. Si : la débauche célibataire quand on est amoureux ! M'en fous, ma main droite est agile et mon fantasme bien gaulé.

--

La Martinique. Nous sommes bien arrivés. Il fait très beau. Le ciel est bleu. Dieu et moi sommes très copains. Voilà qui m'inquiète : « Allô, papa, ça va ? »

Immortels instants

Lorsque, durant un vol long-courrier, je crève d'envie de fumer tout en matant *Mad Men* (une série dans laquelle même les bébés fument leur pouce), que mes poumons crient nicotine, je me rassure en imaginant l'effort herculéen fourni par Sarkozy pour ne pas se mêler à la vie politique.

Lorsqu'un tournage de cinéma m'éloigne de ma meuf plusieurs nuits d'affilée et que cette allumeuse m'envoie des photos de ses seins en 3D, je me console toujours en songeant au calvaire de Sarko quand il écoute Fillon se comparer à lui sans pouvoir lui répondre : « T'es qui, toi, bol de soupe sans sel ? À qui dois-tu ta carrière de larbin, toi qui grattas tes qualités aux dépens de mes défauts ? Je t'urine dans la bouche d'ex-cireur de mes pompes en grande pompe, alors agenouille-toi devant l'autel de mon silence et lustre mon bilan ! »

Quand mon ventre gargouille à la suite d'un régime draconien alors qu'une crêpe au Nutella tombe dans l'assiette d'un obèse voisin de tablée, je me calme en pensant au supplice encaissé par Sarko lorsqu'il entame son quatorzième jogging de la journée, qu'il rentre pour se taper trois heures de Carla brouillonnant sur sa guitare un futur tube de Lexomil, qu'il se jette sur sa fille, changeant seize fois ses couches, même en période de diarrhée, qu'il observe à la télé les avancées de la guerre au Mali, la noyade de Copé, le mimétisme sarkozyste de Manuel Valls, les coups d'ego dans l'eau de Montebourg et le fiasco rétro des antigays à l'Assemblée, sans même pouvoir ouvrir sa grande gueule de tartufe.

Oui, quand je me taille les nerfs d'ennui sur un plateau de télé, je pense à lui et je vais mieux.

Sauf que, ce matin, mon idole zen a craqué. Le Pr Dukan du régime politique n'a pas pu se retenir devant le buffet de l'actualité. Comme le rapporte *Valeurs actuelles* (revue à côté de laquelle *Le Figaro Magazine* passe pour l'organe officiel des mélenchavistes), Sarkozy s'est lâché. « Il est hors de question que je revienne dans la vie politique française, a-t-il prudemment commencé. D'autant que mon quotidien me comble. Oui, je suis comblé. Ma femme n'est-elle pas de plus en plus belle, de plus en plus jeune, de plus en plus caoutchouteuse ? Mon interminable temps libre ne me permet-il pas de la recoudre moi-même ? Mon bébé ne fait-il pas ma joie, ses gazouillements me rappelant ceux de Jacques Chirac à la fin de son mandat ? Mes conférences en Suisse, en Belgique, ainsi qu'en Suisse et en Belgique, ne me permettent-elles pas de voyager loin de ce pays d'ingrats et de rendre visite à tous les exilés fiscaux qui portent le deuil de ma générosité ? Si ! Voilà pourquoi je suis comblé. Et ceux qui prétendent que, si je ne me rase plus, c'est que mon entourage, craignant l'automutilation, m'a confisqué tous mes rasoirs, ceux-là ne sont que de perfides échotiers que je ferai embastiller dès le 8 mai 2017, lorsque – à la suite de l'invasion de l'Allemagne par la Pologne, à la suite de l'invasion de Copé par Marine Le Pen, à la suite de l'évasion de tous les acteurs et footballeurs de la France occupée par le Hollande, à la suite de l'immolation morale des hebdos d'information par les truies philosophantes sur la taille du groin de Dominique Strauss-Kahn (obligeant le journal *Voici* – par ricochet – à publier des analyses géopolitiques), à la suite du foudroiement de Nathalie Kosciusko-Morizet par la lumière du jour, à la suite d'une miraculeuse épidémie de paranoïa face à une imaginaire épidémie musulmane aux portes d'un Paris kascher mais trop cher, à la suite du cancer de la gorge de ma femme jusque-là réfractaire à un retour en tête-de-Turquie, à la suite de toutes ces formidables tragédies… – je serai bel et bien contraint de me pointer comme une fleur à la prochaine élection. Et, si je le fais, mes pauvres orphelins, soyez certains que ce n'est pas tant par intérêt personnel que par nécessité vitale… Je m'emmmeeeerrrddddee !!!!! »

— —

Le cigare de Jérôme Savary, immense metteur en scène de théâtre, s'est éteint. Comme celles de son confrère Hugo Chávez, ses mises en scène, qu'on disait parfois reposer sur du vent, ne manquaient guère de souffle. Savary est mort, mais, qu'on se rassure, son œuvre est disponible dans toutes les bonnes mémoires de vos parents. Dans quelques années, le stock sera malheureusement épuisé pour cause de décès ou d'Alzheimer (qui est la petite mort de ceux dont les proches désirent le décès). Ce jour-là, Savary, dont la disparition ne pèse déjà pas long dans le journal ce matin, ne sera plus qu'une photo encadrée dans le hall du palais de Chaillot.

Petit, j'ai connu Chaillot sous l'ère Savary, je l'ai

connu de l'intérieur (je me cachais dans mon père) : c'était « magic ». Des nains en jeans chez Goldoni, des filles à poil chez Shakespeare, des gangsters des années cinquante chez Brecht, des effets spécieux chez Rostand, des micros gigantesques chez Feydeau, des fumigènes de Mai 68 partout, servant ou noyant le texte des plus grands. Un style, des styles, par hasard et pas rasé. Avec du très bon et du très con, du cul et du cucu, mais toujours emporté par cette valse de pantins. C'était dingue de théâtralité. Il alternait les mises en scène et les actrices, en griffonnant certaines simultanément, ratant les unes à cause des autres. Je l'ai vu avaler deux bouteilles de vin sans être soûl et fêter deux fours sans s'en vouloir. Cochon, fulgurant, émotif et insensible. Un DSK des planches. « Je fais du biodégradable », disait-il. En effet, d'ailleurs, ça s'est bien dégradé. Mais le plus sublime, et le plus odieux, c'est – comme nos orgasmes croisés en plein rêve – qu'on ne se souviendra même plus de ses spectacles mémorables.

On ne se souviendra plus de rien. Ni du théâtre, bien sûr, ni même de la plupart des films qu'on empile au rayon « classiques ». Les grands artistes, comme Savary, sont là pour nous rappeler qu'on ne se souviendra plus de rien et qu'il ne faut pas l'oublier.

--

Première avant-première de mon film à Strasbourg. Le public a adoré. Ou alors il joue bien. J'adore qu'il adore ce film-là. Du coup, j'ai signé des autographes jusqu'à ce qu'il n'en puisse plus de me voir les lui quémander. Car je ne parvenais plus à quitter son enthousiasme. Me droguant de moi-même, après des mois de travail. Ce soir, le temps d'une bière avec ma partenaire Ludivine Sagnier, dans le bar glauque de notre petit hôtel, nous avons décidé d'oublier que, pendant ce temps-là, il nous a déjà oubliés.

La hache de glace

Ce matin, à la une des journaux : « Nouveau sondage ! Les Français préfèrent Sarkozy à Hollande. » L'ancien président est en effet très populaire depuis qu'il ferme sa gueule. De la même manière que leur femme politique préférée, Christine Lagarde, n'a pas posé un talon sur le territoire français depuis 2009. Un conseil : pour être aimé, soyez battu. Ou loin. Ou mort.

Ainsi, un sondage exclusif du *Parisien-Voici-Gulli* nous apprend que, aux prochaines élections parisiennes, Valéry Giscard d'Estaing (qui a réussi l'exploit d'être à la fois battu, mort, vivant et loin de la capitale) sortirait vainqueur d'un duel avec Cécile Duflot. En revanche, le sondage Ipsos-Coca Cola light nous informe qu'il perdrait face à Louis XIV, ce dernier laissant aux 18-25 ans le souvenir d'un Roi-Soleil, ce qui n'est pas une mince vertu en période Frigidaire.

Moi-même, ayant déjeuné avec ma mère la semaine dernière (déjeuner durant lequel elle m'a longuement réprimandé sur mon manque de projet paternel), un sondage fraîchement sorti des urnes de mon cœur révèle que je préfère soudain mon père – que je n'ai pas vu depuis un mois – et que l'amnésie me rend très affectueux. En outre, hier soir, en couchant avec ma fiancée, c'est avec émotion que je me suis remémoré la fermeté des seins de Chloé, l'étudiante en médecine qui me dépucela en 1996, bien que je n'aie cessé de tromper cette dernière avec la superbe Claudia, dont la chair me sembla triste lorsque Chloé m'abandonna pour le service radiologique d'un hôpital d'Amiens. Et je ne vous parle pas de mon inoubliable liaison avec Jane, une brillante Canadienne avec qui je vécus quatorze mois : vu qu'elle travaillait la nuit et moi le jour, qu'elle vivait à Londres et moi à Neuilly et que nos maigres revenus ne nous permirent que deux traversées de la Manche, c'est peu dire qu'on se parla peu, qu'on ne s'engueula jamais et qu'elle n'eut point l'occasion d'éteindre mon désir.

À noter que le même sondage publié ce matin révèle une forte progression de Martine Aubry face à Jean-Marc Ayrault, sans doute grâce à ce discours dans lequel Martine déclare n'avoir aucune déclaration à faire. Quel talent. Et dire que quelques suicidaires continuent à s'exprimer en période de crise.

Voilà pourquoi, de même qu'à tous les internautes qui critiquent mes chroniques chaque semaine je propose de m'en écrire de meilleures, quand est-ce que nos gouvernements proposeront aux Français de gérer eux-mêmes leur pays ? Vous préfériez Hollande sous Sarko, Sarko sous Hollande, Gabin sous Belmondo, Belmondo sous Dujardin : maintenant, débrouillez-vous ! Voici les clefs du coffre, l'état des comptes, le montant de la dette, le taux de croissance, les consignes de Bruxelles, une gomme, un feutre, une calculette… Au boulot ! Sauf que, vu le climat, quelques mois plus tard, un ultime sondage serait foutu de nous apprendre qu'à la tête de la France les Français voteraient pour… les Anglais ! Moralité hindoue : « Satisfaisons-nous de notre insatisfaction. »

—

À l'approche du printemps, l'Europe est sous la neige. Hollande a bien choisi sa semaine pour partir sur les routes draguer l'opinion verglacée des Français. Du coup, s'il serre des mains, c'est pour ne pas se casser la gueule.

—

J'ai froid. En mars. Septième bronchite de la saison. Ma cheminée est exsangue. Je me mouche dans mes moufles. Et ce bonnet, que j'ai vissé sur la tête depuis le 15 septembre, précipite ma calvitie. Me voilà grelottant et chauve, infoutu d'embrasser ma fiancée sans la gercer davantage. Qu'on ne nous parle plus jamais du réchauffement climatique. Cet été, nous avons réservé une semaine de ski sur les hauteurs de Nice. Fini la bouillabaisse, vive la fondue cannoise au bord de la patinoire méditerranéenne. Nos futurs enfants seront blonds, et blêmes. Ils naîtront en anorak, avec l'accent suisse. Ils liront des polars en polaire. Et mon pauvre père – pied-noir d'Algérie – leur fera l'effet d'un indigène aux lèvres trop charnues. Emmitouflé dans la fourrure de ses multiples chats morts de froid, le vieux sage du désert leur racontera cette époque où, dès le mois de mars, nous descendions les Champs-Élysées en chemisette, avant d'aller disperser nos mycoses à Paris-Plage. « Imaginez, mes petits-enfants, leur murmurera-t-il, des terrains de tennis non couverts, des jeunes filles aux jambes nues, des peaux grasses, des sorbets qui fondent, des larmes qui coulent, des coureurs qui suent, des cheveux qui autrent, des avions qui s'envolent, des trains qui partent et des motards qui vivent. C'était avant. Avant que la France s'installe en Finlande et que Heidi ne remplace Jeanne d'Arc. Avant que l'obélisque de la Concorde ne devienne le thermomètre d'un gigantesque igloo. » Oh oui, avant le froid d'après la canicule, avant la gauche d'après l'austérité…

Oh oui, décidément, c'était tellement mieux avant. Mais, le plus cruel, c'est que le fait de regretter hier avec les yeux de maintenant ne nous permette pas d'apprécier tout de suite avec les yeux de demain. Il faudrait vivre Hollande avec les yeux de nos gosses subissant un quinquennat de Jean-François Copé.

——

François Ier, monarque catholique allergique au mariage gay, salue le peuple romain. Non, nous ne sommes pas en 1515 pendant les batailles d'Italie, mais hier soir, en 2013, après qu'une fumée blanche eut enfumé un parterre d'ahuris. Depuis Johnny au Stade de France, aucun vieillard timide n'avait fait vibrer autant de monde.

——

27 juillet 2048. Helmut et Gretel, mes cadets, viennent de décrocher leur troisième étoile. Nous fêterons ça ce soir, dans notre chalet marocain, autour d'une tartiflette.

Atchoum !

La ligne jaune (et blanche)

Un chanteur que je connaissais vaguement, du temps où je vivotais du commerce de mes excès, vient de mourir d'une overdose. Et un cadavre de plus dans le charnier perpétré par l'armée blanche dans les troupes du show-biz ! Les gens me demandent souvent : pourquoi tant de poudre chez les artistes ? Parce qu'ils peuvent se la payer ? Non, de nos jours, la coke est accessible à toutes les narines, les gamines de banlieue remplaçant leurs sucettes Chupa Chups par des traits de farine douteuse. La réponse serait plutôt dans ce que j'ai ressenti ce soir : après Toulouse, Lille, Strasbourg et Bordeaux – autant de trésors urbains qui finiront par me rendre chauvin –, j'ai présenté mon film au Pathé Bellecour de Lyon. En descendant les marches après la projection, j'entame un tête-à-tête avec quatre cents nouveaux amants : les bravos et les mercis dégueulent d'une foule étrangement bienveillante. Après mes centaines de chroniques têtes à claques et suicidaires, c'est bien la première fois que les gens me trouvent « sympa » : serait-ce la faute au scénario qui d'enculé notoire me rhabille en brave type ? Ou à cette partenaire dont l'amour est viral ? Peu importe, je prends. Du coup, devant eux, moi qui suis à l'impro ce que Roger Federer est à la terre battue, voilà que leurs rires m'inspirent un peu d'humour ; on s'aime, on se marre, on vote plus pas pareil, on meurt plus bientôt, ils ne regrettent (presque) plus le prix de leur ticket, je ne regrette presque plus les deux changements de train et cette plombe de bouchons à l'entrée de la vieille ville, ma fiancée n'est plus pas là, certains n'ont presque plus de gastro, j'ai soudain plus de bronchite, plus trop chaud, plus mal à ce genou gauche cogné dix minutes avant contre un stupide coin de table. Soudain, je comprends Chirac au Salon de l'agriculture, prêt à bouffer la chatte des vaches et à danser le jerk avec des laiderons inconnus transformés en splendeurs fraternelles par l'opération du Saint-Ego !

Malheureusement, mon coït avec Lyon fut abrégé par un signe de l'attachée de presse. Un quart d'heure plus tard, me voilà dans une boîte de nuit, au milieu de gens normaux, c'est-à-dire de gens qui m'aiment moins. J'essaie de danser, de sourire, de me contenter de ce qui me plaisait avant, avant d'être accro à la sympathie de plein de gens en même temps. Mais mes veines narcissiques ont été piquées au vif par la seringue d'une salle rigolarde ; sur la piste clairsemée, je cherche inconsciemment ma dose en grimpant comme un con sur le podium. Deux clients immortalisent avec leur portable la pénible supplication d'un mendiant de reconnaissance. La vie est belle, la musique est bonne, mon entourage est délicieux, mais moi, je suis en pleine descente, comme une bâtarde allumée puis congédiée par quatre cents lévriers de concours. C'est à ce moment précis que je remercie la vie de ne pas avoir placé sous mon pif un plateau de fruits illicites. Ou plutôt je remercie ma mémoire de me rappeler à quel point l'atrocité des lendemains de came surpasse les plaisirs de la veille. C'est dans ces moments-là que les chanteurs et les acteurs sortant de scène, le crâne laissé chauve par l'auréole du show, posent leur premier pied dans la tombe. La drogue est la méthadone du triomphe.

--

Les drogués aussi possèdent leurs inégalités des chances. Il y a dix ans, deux amis écrivains ont commencé la dope ensemble, partageant leurs lectures et leur paille. Aujourd'hui, l'un a gardé sa peau de bébé et la plupart de ses neurones, l'autre cache un visage crevassé dans les couloirs d'hôpital. D'ailleurs, le plus chanceux des deux fuit l'autre. C'est son portrait de Dorian Gray.

--

Le temps. L'immuabilité du temps dans lequel on habite, on rencontre et on vote. Lorsque, à quinze ans, en pleine crise d'acné romantique, j'ai lu la *Confession d'un enfant du siècle* de Musset, je me suis rendu sur sa tombe et j'ai pleuré à l'idée qu'on ne serait jamais potes. Alfred et moi, putain, à cent ans près, que n'aurait-on pas fraternisé nos chagrins misogynes en vidant des bocks d'absinthe. Puis j'aurais tempéré sa soif afin qu'il poétise plus vieux et ne corsète pas sa muse dans un habit vert. Avec moi dans les parages, il aurait quitté les jupes austères de sa maman, épousé la tragédienne Rachel, et jamais George Sand ne l'aurait fait cocu avec un tartufe vénitien. Quelques mois plus tôt, en découvrant Vivien Leigh dans *Autant en emporte le vent*, je l'avais maudite d'être morte avant que mon corps n'ait tenté de convaincre le sien de fuir cette pédale snobinarde de Laurence Olivier. Plus tard, en m'amourachant d'Emmanuelle Béart dans *Manon des sources*, j'ai honni ces dix petites connasses d'années qui m'empêchèrent de goûter ses lèvres naturelles et son regard naturel. D'autant qu'elle habitait à quelques rues de chez moi et fréquentait la boulangerie où j'achète mes chouquettes ! Et qui sait si Jeanne d'Arc n'était pas tout simplement « la » femme de ma vie ? Les voix qu'elle entendit ne résultèrent-elles pas d'une psychose due à l'irréparable absence d'un homme tel que moi ? Le temps gâche tout. Demandez à DSK, dont les mœurs romaines auraient fait un héros. Demandez à Marine Le Pen, dont le régime nazi aurait fait une gauchiste. Demandez à Angela Merkel, dont l'esthétique napoléonienne aurait fait une top model. Demandez à Mimie Mathy, dont les canons moyenâgeux auraient fait une basketteuse. Si seulement, en plus de la nationalité et du sexe, le progrès nous donnait le choix de l'époque : je ferais la fête dans les années cinquante avec un poète du XIXe siècle, nous voterions en 1981 des lois sociales de 2020 facilitant la vie des gosses (beaux comme une pub des années quatre-vingt) que j'aurais faits à une comtesse – vierge et voltairienne – du XVIIIe. Seulement voilà : la nature, croyant nous simplifier la tâche, ne met dans notre assiette qu'une viande contemporaine. Je me console en me disant que ma fiancée a des beautés intemporelles, un port de tête aristocratique, des bas de grisette balzacienne, un humour seventies et que la photo que je viens de prendre d'elle fera sans doute pleurer de désir frustré mon jumeau de l'an 3000.

Un plateau-repas avec Marine Le Pen

Quand mon intérêt personnel supplante l'intérêt général, ça donne ça :

« Bonjour Nicolas, Thierry (Ardisson) a adoré ton film, il souhaite te faire une belle promo en t'invitant dans son émission…

– Cool.

–… Avec Marine Le Pen.

– Merde. On peut pas mettre Vanessa Paradis (ou Maurane, même) à la place ?

– Non. C'est justement le mélange des genres qui nous "charme". Tu fais de l'audience. Elle fait de l'audience. La facho à côté du bobo, c'est cadeau. »

19 heures. Me voilà donc sur un plateau avec l'héritière de la haine. Un très étrange plateau-repas sur lequel la pêche Melba voisinerait avec le roquefort aux orties. Qu'est-ce que je fous là, pomponné, souriant et bronzé comme l'acteur d'une pub Colgate, obligé de taper une bavette aigre-douce avec la France du pire. Obligé par qui ? Par ma putasserie, chérie : j'ai bossé presque un an sur ce film qui sortira demain dans trois cents cinémas. Je porte sur mes épaules plusieurs millions d'euros, c'est pas pour lire Bourdieu en attendant les premiers chiffres. Seulement, l'idéal serait de défendre

mon bidule sans ronronner comme un chaton castré sur l'accoudoir de la sorcière. Fidèle à sa méthode, elle pense me tenir par les couilles de la déconne.

« Dis donc, veinard, me lance-elle juste avant le générique, ça paye bien, le cinéma : Vous êtes bronzé, vous nous revenez d'où ?

– D'Afrique noire, madame, d'ailleurs j'ai ramené une tribu, on les adopte ensemble ? (*elle rit*) Non, d'une cabine d'UV de la rue Poissonnière. J'essaie juste d'être raccord avec la bande-annonce que j'accompagne ici. Au fait, ne vous étonnez pas si je vous regarde avec mépris dès qu'on sera à l'antenne.

– J'imagine, c'est votre fonds de commerce, faut bien plaire à son public.

– Ah, parce que vous pensez qu'en cachette, dans mon lit, je me récite votre programme comme une chanson de Brassens ?

– Vous l'avez lu, au moins ?

– Bien sûr. Tout comme j'ai lu *Mein Kampf*, tranquillement accoudé à la cuvette des W C.

– Nicolas, intervient Ardisson qui révisait ses fiches, je te déconseille d'être agressif, c'est contre-productif. Surtout que tu viens nous vendre une comédie sentimentale, dans laquelle tu joues enfin un type presque sympa, alors je te le dis amicalement : Ce soir, laisse tomber le rôle du procureur pète-sec, c'est mauvais pour le box-office.

– Bien monsieur. »

19 h 03. Générique – interprété en live par un superbe Big Band composé de musiciens noirs : leur demandera-t-elle leurs papiers ? Non, elle planque sa clope électronique sous son jeans et bat la mesure dans ses mains. Elle sourit. Qu'est-ce que je fous là… Ardisson démarre sur elle. Il est en forme, ses

vannes font presque mouche, sauf qu'elle gobe toutes les mouches d'un rire à peine crispé. Même les piques qu'il balance rebondissent contre l'ambiance d'une fin de repas bien arrosé. Fût-il effronté, l'amuseur normalise l'amusée. J'en ai fait l'expérience, y a deux ans, chez Giesbert, face à la même roublarde : son rire caresse nos bras d'honneur.

19 h 20. Encore plus gênant, cet échange qui adviendra pendant la diffusion de ma bande-annonce, lorsque la frontiste, faisant allusion à l'autre blonde que j'embrasse à l'écran, osera me lancer : « Elle a bien de la chance, Ludivine Sagnier ! » d'un ton libidineux auquel je me suis surpris à répondre d'un filet de voix affable « Merci », avant que Dieu me rappelle à qui je m'adressais ! On marche sur nos têtes, on piétine nos cerveaux.

Suivit le « débat de fond » sur les questions d'actualité. La veille, conscient de mon impuissance à lui tenir sérieusement tête sur le terrain économique (le cancre manque d'infos pour écraser le cancrelat), j'avais demandé à la prod quel journaliste s'en chargerait, étant entendu que s'il ne sert à rien de lui cracher à la gueule, le plus odieux serait encore de lui laisser un boulevard pour égrener, en sifflotant, ses populismes rances. C'est à Frédéric Bonnot qu'échut cette besogne. Or, si le nouveau rédac chef des *Inrocks* est un brillant critique de films scandinaves ou d'albums de Lou Doillon, il a prouvé ce jour-là l'adage selon lequel « avec des ennemis pareils, le FN n'a même plus besoin d'amis ». En effet, l'argument choc de Bonnot fut : « De toute façon, madame Le Pen, vous pouvez toujours causer, vous ne serez jamais au pouvoir… Jamais ! » Argument si choc qu'il n'a pas pris la peine de lui en opposer d'autres. C'est peu dire que Marine biberonnait du petit-lait, tant elle entendait frétiller ses sondages chaque fois qu'il la toisait. J'ai enfoncé mes ongles manucurés dans les accoudoirs de mon siège et j'ai fait ce que j'ai pu, la langue plombée par d'abyssales lacunes en matière de politique monétaire et de flux migratoires. J'ai fait ce que j'ai pu malgré ma tronche de nanti fraîchement débarqué de la Barbade. J'ai dit ce que j'ai pu sans humour, sans chronique, sans stylo. J'ai fait ce que j'ai pu avec ce que les racistes appellent « notre couplet humaniste bobo », celui qui consiste à rappeler qu'on peut améliorer une société sans menacer et humilier une très large partie des êtres humains qui la composent. Après lui avoir concédé que les accents qu'elle trouve parfois pour décrire la détresse des Français (du moins ceux qu'elle reconnaît) sonnent – malheureusement – plus juste que ceux que ne cherchent même plus nos gouvernements de droiche, j'ai déploré que ces vibratos ne servent que d'intro au refrain de ses exécrables solutions. À la fin, après que cette ancienne gosse de riche de Saint-Cloud, cessant enfin de ricaner pour vomir toute sa haine, eut balayé d'un revers de manche Hermès l'origine sociale des violences en banlieue, j'ai fini par objecter un « Tu vas fermer ta gueule ?! » qui me détendit la rate mais qui – par bonheur – fut coupé au montage.

20 heures. C'est le moment où Ardisson nous fait chialer en recueillant le récit d'une myopathe accro aux vins californiens, d'un suceur d'otaries licencié par McDonald's ou, faute de mieux, d'un bègue. Ce soir, non sans finesse, il convoque le cauchemar de Le Pen, son antithèse personnifiée : Anina, jeune roumaine née à Craiova en pleine révolution, puis bringuebalée dans un camion puant jusqu'aux faubourgs de Rome avant d'échouer dans les rues de Bourg-en-Bresse,

mendiant durant de longs hivers (avec sa sœur et sa mère) sur la place du marché… Avant qu'une série d'anges gardiens – et un courage extraterrestre – lui permettent aujourd'hui, son master de la Sorbonne en poche, d'être sur le point de briguer une place à l'École nationale de la magistrature ! Applaudissements. Cette ravissante jeune femme – qui s'exprime mieux que Bruno Gollnisch – ne demande ni pitié ni petites pièces, juste un passeport. « Vous d'accord, pourquoi pas, postillonne aussitôt la mégère de Saint-Cloud, vous semblez méritante, mais les Français ne sont pas dupes : Vous n'êtes qu'une exception… » La réplique d'Anina valut toute la gauche française.

20 h 30. Générique de fin. Silence. Les musiciens détalent. Le Pen disparaît. Thierry et moi restons assis quelques instants, l'œil hagard. A-t-on fait une « bonne » émission ? Sur le plan de l'audimat, oui, car elle battra son record d'audience – ravi pour Canal +. Ravi aussi pour la blondasse décolorée – qui s'est payé une bonne tribune, malgré un montage scrupuleux. Pour ma part, dans le doute, je fuirai les miroirs quelques jours.

Avant l'accouchement

Comme tous les premiers lundis du mois, je dîne avec Lila, ma filleule de huit ans. Adorable réservoir à questionnements philosophiques, cette enfant ne daigne respirer que pour trouver l'élan de me poser une nouvelle colle sans le moindre rapport avec nos activités. C'est ainsi que tout à l'heure, en me voyant faire bouillir du riz, elle m'a demandé : « Parrain, c'est quoi l'avortement ? » C'est bien la première fois qu'en trouant un sachet de plastique Uncle Ben's je me suis mis à penser à tous ces embryons qui ne m'appelleront jamais « papa ». J'ai mélangé le tout avec du gruyère et du beurre, avant de répondre, courageusement : « Ça, tu demanderas à ta mère, elle en connaît un rayon. » Elle a croqué dans une biscotte, puis : « Maman, elle m'a dit c'est quand on jette la graine avant qu'elle devienne un bébé malheureux, puis Mohamed Merah. » Là, je m'étais déjà étranglé avec deux grains de riz lorsqu'elle me dit : « Tu penses qu'on aurait dû jeter la graine de Mohamed ? » Pris d'angoisse, j'ai tenté de faire diversion en montant le volume de Radio classique, mais elle a poursuivi : « Parrain, t'as jeté beaucoup de graines, toi ? Tu les as mises où ? » Je me suis demandé pourquoi un tel acharnement : sont-ce les relents des manifestations catho qui ont branché cette môme sur les grands thèmes de société ? L'a-t-on exposée trop longtemps à BFMTV ? Ou bien cette juge Gentil en salopette Naf Naf serait-elle finalement née pour blâmer, huit ans plus tard, mes réticences procréatives ? J'ai compris à son regard que je ne pourrais me défiler ainsi jusqu'au dessert. D'autant que Lila, pas plus qu'Edwy Plenel, n'est du genre à lâcher son bout de gras.

« Écoute, ma poupée, ai-je fini par balbutier, les graines sont en fait des graines de graines. On ne les jette pas, elles disparaissent dans l'atmosphère.

– Comment tu savais que tes graines de graines feraient des bébés malheureux ?

– Parce que j'avais planté la première à l'âge où on est trop petit pour soulever l'arrosoir.

– Et la deuxième ? »

J'ai bien cru que les moustaches de Plenel commençaient à pousser sous son petit nez de poupée.

« Parce que j'ai eu peur.

– De quoi ? dit-elle.

– De rien.

– Dis !

– Non. On va se coucher.

– Non !

– Si. Ça suffit.

– Raconte-moi une histoire.

– Non, Lila ! T'as déjà entendu trop d'histoires. Tu vas faire des cauchemars.

– Fais-moi rêver.

– OK. C'est l'histoire de la France. Ferme les yeux.

– Je ferme les yeux, parrain.

– La France est un pays très très bizarre. En France, les ministres du Budget ouvrent des comptes en Suisse, les anciens présidents se font inculper pour abus de faiblesse sur des vieilles dames séniles qui, malgré leur fortune, sont séquestrées par leurs enfants, les ex-patrons du FMI se transforment en gros porc dans les “romans” d’une philosophe à *Libé* transformée en taupe à *Voici* pour *Le Nouvel Observateur*, les flics tuent et trafiquent de la came, la came coûte moins cher que le poisson, le poisson d’avril est congelé, car le printemps français, c’est l’hiver suédois, les gouvernements de gauche taxent les pauvres et l’UMP manifeste dans la rue, l’extrême gauche pompe l’extrême droite pompée par la droite plombée par Jean-François Copé et, pendant ce temps-là, les intellectuels préfèrent skier à Courchevel que de proposer des solutions, car les solutions sont encore plus rares et chères que le poisson frais et les politiques honnêtes, voilà pourquoi, ma petite Lila, si ma fiancée m’annonce : “Nicolas, je suis enceinte d’une graine de graine de quoi que ce soit”, je m’empare d’un fil, d’une aiguille, et je couds les lèvres de son usine à dépressifs. Ensuite, je me fixe sur la tige une capote double Scotch jusqu’à ce qu’elle me prouve qu’elle reprend la pilule. “Qu’est-ce que la pilule, conasse, tu veux savoir ? C’est l’insecticide contre les tarées dans ton genre qui posent des questions chelou au lieu de jouer à la Barbie ! Tu dors ?” »

(Par bonheur, elle s’était endormie depuis longtemps. Jamais ma filleule, Dieu soit loué, ne me posa de telles questions. En vrai, elle dort comme un chiot dans la chambre-niche d’amis. Et je regarde bouillir mon riz. J’espère que le sommeil de la petite est comme toujours peuplé de bonshommes sympathiques et de hasards comiques, comme j’espère que le vôtre sera bientôt truffé de réformes miracles, de Voltaire virtuel, de croissance économique, d’étalement de la dette et autre pacte européen. Afin que me passe l’envie de torcher des chroniques aussi glauques, dictées par une période sinistre. Si les adultes rêvent à nouveau, je rêverai à nouveau d'enfants.)

--

Demain, mon film sortira. À onze heures, je recevrai un texto guillotine m'annonçant en trois lignes l'issue d'un an de travail. Ce sera « bravo » ou « désolé ». Un pouce en l'air ou la galère. Au cinéma, le tournage est aussi long que le sort du film expéditif. Depuis la création des multiplexes, la qualité intrinsèque d'une œuvre compte pour presque que dalle dans son succès commercial. Car nos chers exploitants sont contraints de retirer un « produit » de l'affiche le week-end suivant sa sortie, avant même que le bouche à oreille ait eu le temps d'opérer son miracle. Le sort de notre travail dépend donc principalement de l'« efficacité » de sa bande-annonce et du nombre de télés et articles que Ludivine Sagnier et moi-même nous voyons (ou non) proposer depuis deux semaines. D'où l'éventuelle et légitime saturation des téléspectateurs devant la roue promotionnelle que nous (nous) leur infligeons. Désolé, mon ami, mais c'est le prix de ton ticket. Et c'est le coût des mois de réelle passion qu'on met à ta disposition. Du coup, je te demande pardon pour toutes ces émissions où je me suis cassé le bulbe à trouver une façon presque nouvelle de te dire « VIENS !!!!! », « Ce film est une MERVEILLE », « Mes partenaires sont DRÔLES !!! », « Les dialogues sont BRILLANTS »… Ce soir, je te promets de disparaître jusqu'aux prochaines élections, celles que représentent chaque pièce, chaque livre et chaque chanson. D'ici là, t'ai-je déjà dit « VIENS !!! », « Sur la tête de ma mère, ce film est une MER… »

--

Voilà. C'est le grand jour. Il est onze heures moins le quart. Et si j'éteignais mon portable, histoire de savourer encore une heure l'éventualité du succès ? J'aimerais passer ma vie dans l'antichambre de ma mort, ce lieu électrisé par l'espoir d'un vaccin.

Dieu porte la moustache

Fut un temps où la vie était douce avec Carla Bruni. La chance soufflait sur ses longues jambes comme une brise de printemps. Lorsque, entre deux soirées jet-set, la déesse italienne souriait à l'objectif en murmurant « Bonsoir » de sa voix suave, on pensait aux héroïnes d'Alberto Moravia qui, d'un baiser salé, mouillent les lèvres d'un nouvel amant avec les larmes du précédent. Quand on la croisait par hasard sur un plateau de télé, une guitare effleurée par ses mains désinvoltes, il nous semblait voir une sirène jaillir d'une vague au large de Capri et pointer sur nous ses entêtants tétons. Et lorsqu'elle susurrait le couplet de « Celui qui m'a dit », on croyait ressuscité le râle poétique de l'autre « longue dame brune », pareil pour le refrain du « Plus beau du quartier », dont toute la presse se demanda s'il s'agissait, parmi ses ex, d'une rock star androgyne ou d'un don juan parisien. Jusqu'à ce que, tout à coup, la sirène achevât de casser sa voix, ses écailles et nos couilles contre une barrière de corail sarkozyste. Résultat, aujourd'hui, quand Carlita braille « Le Pingouin », on pense à la cravate de travers du gros François Hollande et quand elle marmonne « Mon Raymond » (un choix de prénom tout de suite moins Dior que Prisunic), on imagine plus facilement le petit

Sarko décollant ses chaussettes de jogging au Club Med Gym que le mystérieux David Bowie dégrafant sa chemise dans une suite du Plaza. Même le légendaire éraillement de sa voix semble avoir quitté l'écurie de Vanessa Paradis pour celle de Jeanne Moreau ! Et, quand elle parle de musique, les gazettes ne peuvent plus s'empêcher de la brancher sur l'éventualité que la vieille Bettencourt ait vidé ses poches sous les caresses d'un politicard vénal. Même quand Carla sourit, de ce sourire félin qui explosa de désir mes derniers boutons d'acné, on pense aux tiraillements qu'il ne manque d'exercer sur la couture de ses oreilles et à ce masque funéraire dont l'harmonie brouillonne ne tient plus qu'à un fil. Bref, Carla nous rappelle qu'une carrière artistique n'est qu'un concert médiatique dont la moindre fausse note, fût-elle d'amour, peut percer les tympans du public. Elle nous rappelle surtout que la vieillesse recouvre la plupart des cadeaux dont la jeunesse nous recouvrait. Pour preuve, ce chapitre cruel qui la somme de rembourser mes érections passées.

--

Je n'aimerais pas que ma blonde soit prise pour cible par un Nicolas Bedos de droite.

--

Cahuzac nous avoue un mensonge qui désavoue le gouvernement. Dans la foulée, Edwy Plenel remplace Manuel Valls au ministère de l'Intérieur. Car il y a belle lurette que le premier flic de France, c'est lui. À tel point que chaque fois que je le croise, lui et sa suspicieuse moustache, je crois voir dans son regard le reflet de cette nuit de novembre 1996 où j'ai dit à ma maman que je dormais à Neuilly, chez mon copain Thomas Porchon, alors que nous allions vider une bouteille de Malibu à Asnières, chez cette salope de Camille Cartini. Plenel doit bien savoir que, malgré l'effet de l'alcool et les mœurs dépravées de la petite Cartini, elle se refusa à moi, préférant se faire peloter par l'odieux fils Cochart. Qu'il me poussa dès lors un ego si malade que je fus contraint, dix ans plus tard, de mentir à P. pour répondre aux faveurs de L., sans louper un crochet par la bouche flatteuse de Z. C'est le seul à savoir que Dujardin vient de refaire sa vie avec Nabila (« Non mais allô, quoi ? »). Que Gad Elmaleh a voté FN aux dernières cantonales. Que le patron de *Marianne* a déjà joué au badminton avec le rédac chef de *Valeurs actuelles*. Que Liliane Bettencourt a feint d'être gâteuse pour que François-Marie Banier lui lâche enfin le porte-monnaie. Que Stéphane Bern a vécu plusieurs trips hétéro. Que Jane Birkin surjoue l'accent anglais pour cacher son accent allemand. Que si Jamel Debbouze planque sa main droite, c'est qu'il se ronge encore les ongles. Que Johnny Hallyday a eu son bac avec mention et que François Hollande est, au fond de lui, un homme de gauche. Il sait que Guy Bedos prétend être mon père pour profiter de ma notoriété. Que Laurent Delahousse n'est qu'un hologramme fabriqué par un panel de téléspectatrices, que Claire Chazal a vendu PPDA au diable en échange d'une jeunesse éternelle, qu'Alain Finkielkraut est un agent du Mossad et qu'Alessandra Sublet simule des grossesses pour partir en vacances avec Muriel Robin : Edwy Plenel sait bien que tout le monde ment à tout le monde et que je suis le seul mytho à dire bêtement la vérité.

Voilà pourquoi je me suis rendu au domicile du patron de Mediapart, place Beauvau, et lui ai demandé :

« Edwy, qui sont mes vrais parents ?

– Veux-tu vraiment le savoir ?

– Oui, Dieu, dis-moi tout…

– Tu as réellement été conçu en juillet 1979 par tes parents officiels mais, cette nuit-là, ta mère a pris beaucoup moins de plaisir que le jour où le caniche de ta grand-tante est venu léchouiller la cuisse de l'enfant qu'elle était. Ton père se rattrapa en lui faisant brillamment ta petite sœur, ce qui explique son favoritisme actuel.

– Bien. Et mes amis m'aiment-ils vraiment ?

– Non. Il y a ceux qui te supportent par habitude (Alex, Nico, Laurent), il y a ceux qui s'aiment à travers ton estime (François, David, Jean) et il y a ceux qui attendent ton déclin pour ouvrir le champagne (Guillaume, Diane, Frédéric).

– Ma fiancée est-elle vraiment amoureuse de moi ?

– Non. (*Il sortit ses fiches.*) En 2010, elle a cru aimer Raphaël et, en 2011, David, bien plus profondément qu'elle ne t'aimera jamais. Par contre, elle se sent plutôt belle dans tes bras, ce qui laisse augurer une aventure de quatorze mois.

– Suis-je de gauche ?

– Non. Mais tu n'es pas de droite. Tu n'es qu'aigreur et vigilance nomades. Seule la vérité t'intéresse, comme moi : c'est pourquoi je t'offre un abonnement premium au site Mediapart. Les détails de ta vie de merde sont disponibles en ligne, à côté de ceux de Nicolas Sarkozy, Benoît XVI et Mickey Mouse. Bonne journée. »

Soudain, je m'interroge, tel le penseur de Rodin rhabillé en The Kooples : qui a dit qu'on voulait tout savoir ? J'adorais le père Noël, moi, j'adorais la gauche morale, Mitterrand résistant, le match OM-VA, l'hétérosexualité de Cary Grant et James Dean, le petit nez de Michelle Pfeiffer, la baisse des délits sous Sarko, le retour de la croissance en 2013, l'intelligence de Valérie Trierweiler, l'innocence de Cahuzac, l'élection de Copé à la tête de l'UMP et le linceul de Turin. Pourquoi, en dénonçant tous ces mensonges, les médias s'acharnent-ils à faire mentir nos illusions ?

Diarrhée de tuiles

En ce lundi 14 avril, le printemps a perdu 80 % de soleil, néanmoins mon banquier me rappelle qu'il serait déraisonnable de me payer des vacances ailleurs qu'à Chypre en ce moment, du coup, je me ruine en crèmes teintées (me faisant une gueule d'orange sur les plateaux télé, ce qui n'est pas bon pour mon image, ce qui n'est pas bon pour mon banquier).

Hollande a reperdu cinq points, devenant l'un des chefs d'État les plus impopulaires après Mussolini et le général Franco ; là-dessus, ma meuf s'est tordu la cheville en entrant dans l'ascenseur – qui, d'après nos voisins, monte plus lentement que l'an dernier. Les salles de cinéma perdent 44 % de fréquentation, faisant de mon film – en termes d'entrées – le meilleur élève d'une classe de cancres dans un lycée technique du nord de Marseille ; un tiers des librairies mettent la clé sous la porte, permettant aux éditeurs de parler de « best-seller » à partir de quatorze exemplaires ; ma petite sœur a chopé une gastro qui, pour la première fois – dit-elle – lui file la courante ET la gerbe.

Là-dessus, les superriches font tout pour se barrer dans des pays moches, craignant de devenir moyens riches dans un pays triste ; les moyens riches sont devenus la classe moyenne, qui remplace les pauvres, qui remplacent les animaux domestiques maltraités, qui – de colère et de désespoir – s'apprêtent à voter pour Le Pen, qui tient un discours plus social que le Parti socialiste ; la série « Dr House », que ma mère et moi adorions, s'arrête (après qu'il eut simulé son suicide à la suite de l'annonce du cancer généralisé de son meilleur copain, qui – lui – s'en branle puisque, dit-il, « J'ai complètement foiré ma vie ») ; là-dessus, le ministre de l'Économie se révèle moins informé qu'un pigiste de Mediapart mis sur écoute par *Libé* pour diffamer, en une, un ministre sans preuves – *Libé* dont le fumeux service culture préfère défendre des mauvais films dont personne ne parle que des bons films dont *Le Nouvel Obs* parlera en mal ; ma femme de ménage a perdu un bouton de manchette qui n'allait pas avec mon unique autre bouton de manchette qui, de toute façon, ne rentrait pas dans la seule chemise à boutons de manchettes que je possède, ce qui ne m'a pas empêché de virer cette pauvre dame sur les conseils du conseiller fiscal que j'ai grand-peine à payer.

Certains de mes amis de gauche regrettent la poigne de Sarkozy, qui regrette la beauté de sa femme d'avant qu'elle soit la sienne ; les membres du gouvernement en sont réduits à publier leur patrimoine, candidats volontaires à cette navrante téléréalité politique qui rendra populaire le moins économe du groupe ; du coup, François Fillon – leader de la droite libérale – est soudain fier d'avoir une maison de merde et peu d'épargne en cas de galère, Duflot exhibe sa pauvreté et Eva Joly, son vélo rouillé comme on n'ose plus exhiber son oscar de peur de se voir coller le fisc au derrière ; seul Copé déplore une transparence qui lui cramerait les valseuses, bref, tout part à vau-l'eau dans un pays où il pleut des cordes de pendus, où les gens se détestent, où il tombe des casseroles sur nos crânes de cocus et des tomates sur des philosophes assourdis par leur dialecte amphigourique, où mon père va sans doute vendre le seul bien immobilier qu'il possède et qu'il mérite – ô combien – de posséder ; un pays où ma meuf imagine des sites Internet géniaux que plus personne ne peut financer, où ma sœur écrit des scénarios non moins géniaux qu'on lui paie au lance-miettes, un pays où un « moi, président de gauche » pour qui j'ai voté, avec qui j'ai dîné, avec qui j'ai rigolé, n'est pas foutu de nous expliquer – tous les soirs s'il le faut ! – pourquoi trois de ses propres ministres ont tort de déclarer que « cette politique d'austérité mène la France – et toute l'Europe – à la débâcle », un pays où ce même président semble avoir attendu que son véreux ministre du martinet fiscal se fasse coincer par Moustache pour entamer la lutte contre la finance occulte et les paradis fiscaux, un pays où il pleut décidément chaque jour, dans les journaux, sur le pavé et nos cerveaux !

Voilà pourquoi cette semaine, en signe de consternation et de solidarité envers tous mes médusés colocataires de radeau, ne pouvant guère publier une minute de silence par écrit, je propose une fin de chapitre blanche.

Hier, j'ai…

il paraît que…

Pff…

Bon…

… courage à tous.

Publication de mon patrimoine

1. Immobilier :

– Je déclare publiquement posséder un appartement de 140 m^2 rue d'Hauteville, c'est du moins ce que je déclare en privé, notamment devant des amis plus riches et célèbres que moi, alors qu'il n'excède pas les 130 m^2 et que je le loue 2 400 euros par mois, ce qui est beaucoup d'argent, penses-tu, aigre lecteur accablé par l'austérité libérale-socialiste pour laquelle tu as voté, ou plutôt c'est ce que tu pensais il y a trois secondes avant d'apprendre – dans deux secondes – que mon collègue Stéphane Guillon possède une villa à Calvi et un hôtel particulier en région parisienne – tout en écrivant assez mal, en jouant assez faux et en ne pensant presque jamais par lui-même. Cela dit, la modestie m'oblige à t'apprendre que mon ami Gaspard Proust se contente pour sa part d'un simple deux pièces dans le XXe, quartier globalement togolais qui ne peut qu'aiguiser son humour savoureusement réactionnaire. Mais question : la vétusté de sa couche rend-elle forcément son cynisme moins insalubre ? J'en doute, encore plus depuis que je sais qu'il planque son fric en Suisse, pays dont il pousse l'avidité jusqu'à en être originaire.

2. Mobilier :

– Je déclare un piano droit estimé à 5 000 euros, mais largement amorti par les plaintes de voisins, les descentes de police à cinq heures du matin et les sourires féminins consécutifs à la *Septième* de Beethoven que j'exécute dans le désordre, à une main et un doigt.

– Je déclare un ordinateur MacBook Pro, solidement ancré dans la couette de mon lit Dunlopillo (1 437 euros), que j'utilise pour consulter les actualités politiques, nouvelobs.com et lexpress.fr – entre autres sites pornographiques –, avant d'y taper mes chroniques égrillardes.

– Un ordinateur MacBook Air, plus fragile et léger, qui me permet de pianoter une prose largement plus sentimentale dans le TGV qui relie ma femme à l'une de ses rivales imaginaires.

– Balthazar, âne en peluche (offert par ma mère bien avant que je ne la prenne pour autre chose qu'une forme aux contours vagues, menaçants et très sexy), n'est pas étranger à mon goût pour la viande chevaline. Cet âne synthétique, vendu à l'époque 575 francs et dont la queue fut rongée par un vrai labrador (Charlie, 800 euros hors toilettage), s'est vengé de ce dernier en lui survivant plus de dix ans (renouvelables). J'ajoute pour ma défense que c'est le seul animal domestiqué qui m'ait suivi dans tous mes déménagements, chacune de mes ex-fiancées n'ayant guère nettoyé qu'un seul de mes appartements.

– Je déclare également plusieurs autographes d'écrivains renommés (Verlaine, Anouilh, Musset et Barbara) qui trônent sur ma cheminée à la seule fin de me rappeler que mon personnage mégalomane doit rester fictionnel, tant la comparaison m'écrase.

– Des autographes d'écrivains surfaits (Guillaume Musso, Amélie Nothomb, Joseph Staline et Jérôme

Garcin) qui cheminent près de mon trône à la seule fin de me rappeler que mon suicide peut attendre, tant la comparaison me requinque.

– Des implants capillaires (6 000 euros) imposés par les 4 570 tweets moquant ma calvitie naissante. Leur prix exorbitant est largement compensé par le fait que je les porte en permanence et qu'ils s'accordent aussi bien avec ma veste en tweed (Celio, 150 euros) qu'avec un simple caleçon blanc (Prada, 565 euros).

– Un scooter de marque Piaggio à 2 300 euros renouvelé tous les trois mois, c'est-à-dire chaque fois qu'un voyou de marque maghrébine à 45 neurones s'amuse à me le voler. Certes, la conduite d'un deux-roues est une pratique fort dangereuse, mais elle m'évite au moins de prendre le volant d'une voiture lorsque je suis bourré.

3. Compte épargne :

– Ma fiancée, expansive Franco-Suédoise à poil blond dans laquelle j'ai investi la plupart de mes sentiments, un plan à moyen ou à long terme (l'envie nous le dira), qui me coûte – chaque jour – un nombre incalculable de baisers appuyés, blagues ratées, débats mythophysiques et vacances sous Biafine qui – j'en conviens – sont autant de temps perdu pour mes activités lucratives. Sachant que la galanterie, notion ringarde et sexiste s'il en est, m'oblige à payer plus souvent l'addition qu'à son tour, son dédain pour la restauration rapide engendre à lui seul ma plus grosse dépense annuelle. Et je ne vous parle pas de son goût pour les fringues de marque, non pas celles que je lui paye (elle se sublime d'un rien), mais celles qu'elle m'oblige à porter dès le matin, ne supportant guère de voir mes membres rachitiques flotter dans du tissu bon marché.

– Ma mère. Plan à TRÈS long terme : papa l'ayant conjugalement adoptée à la sortie du collège, il est probable qu'un jour ou l'autre, si le Seigneur rappelait à lui l'homme de ma vie, je récupère l'anse du panier percé que trimbale sa jeune épouse. Certes, ma mère m'a toujours soutenu. Mais, prévoyante comme elle est, je me demande parfois si ses encouragements de jeune mère attentionnée ne dissimulaient pas ses futurs besoins de vieille dame intéressée.

– Mes funérailles ! Prétendre que je ne suis plus le roi de la fête, c'est méconnaître celle que je prépare en dernier lieu. Royal au bar, j'ai réservé un triplex souterrain dans le carré VIP du fameux Père-Lachaise, entre la cave de Gainsbarre et le sous-sol de Morrison. Un intérieur aussi design que celui de Bartolone, outillé – en prime – d'une laverie automatique, tant je me refuse à l'encrassement. Pour me protéger des incessantes projections de morve que mes lectrices sangloteront sur ma tombe, j'ai préacheté un festival de décoration florale à côté duquel les hectares de Fabius font figure de jardinet. Quant à ma pierre tombale – à tomber –, elle sera taillée dans le même lingot que le stérilet de Mme Cahuzac. Et l'épitaphe sera improvisée par trois prix Nobel de littérature, sous forme de cadavre exquis (le mien).

——

Voilà, mon cher lecteur, moins tu sais où tu vas, plus tu veux savoir qui possède quoi. J'ai donc mis à ta dispo l'échographie de mes biens. Sauf que, suivant l'exemple de nos martyrs politiciens, même si je te raconte tout, ce sera toujours n'importe quoi puisque les tardives dispositions de Hollande, loin de te prémunir contre la délinquance en col blanc, se contentent – une fois de plus – de soulager ton anxiété en nourrissant ton amertume. Fabius est riche. Duflot l’est moins. Cahuzac est désolé. Nous voilà bien avancés.

--

Tiens, si on parlait plutôt de la crise dans laquelle on va tout perdre ?

Chronique d'un vieux con n° 2

Ce matin, Google nous annonce l'imminente mise en vente de ses « lunettes intelligentes », c'est-à-dire des lunettes dont les verres afficheront – en plus des mails, sites d'actualité, Facebook et Twitter – un certain nombre d'infos sur notre « réalité ». En gros, un capteur intégré à la monture te dira où tu es, où tu vas, ce que tu regardes, prendra des vidéos, des photos et des appels dont le son passera directement des branches à tes tympans. De l'extérieur, ces verres-téléphone-ordinateur sembleront parfaitement transparents, si bien que tu pourras aisément honorer ta légitime en matant un montage vidéo de Laurence Ferrari giflée par ton oncle, sans que ça t'empêche de répondre aux sextos de ta nouvelle passade (inscrits à gauche du CAC 40). Face au ralentissement de l'innovation technologique proposée par Apple, dont l'action est en baisse, les plus grands économistes du monde applaudissent d'avance cette opportune « révolution ».

Et moi soudain je me souviens de ce mardi 24 avril 1995. J'ai quatorze ans et le portable n'existe pas. J'attends Claudia depuis vingt-trois minutes. Il pleut. Bientôt vingt-quatre minutes. Que fait-elle ? Ce matin, lorsque sa mère me l'a passée à l'autre bout du téléphone, nous sommes convenus de nous retrouver à quinze heures devant l'UGC Biarritz, cinéma où – quelques mois plus tôt – nous avons marié nos appareils dentaires. Une fois que j'ai raccroché (ce qui a permis à ma sœur de remettre le Minitel), je suis allé prendre mon cours de tennis en espérant que, pendant ce temps-là, Claudia n'appellerait pas chez moi pour annuler ou modifier le rendez-vous. Heureusement, lorsque ma mère est venue me chercher au volant de sa Golf GTI, elle m'a juré avoir bien consulté le répondeur de la maison.

15 h 40. J'entame un Burger King en faisant semblant de lire et de comprendre chaque vers des *Fleurs du mal*. Quelle conne ! On vient de louper la séance d'*Un jour sans fin*, le film qu'elle voulait voir. Je me risque à marcher vers le kiosque pour y acheter le *Pariscope*, dans lequel je trouverai les horaires d'autres salles. Je fais la queue à reculons, sans quitter du regard l'entrée du cinéma, car la moindre distraction pourrait être fatale à mon avidité linguale. Le journal dans les mains, je peine à me concentrer, tant ce retard énigmatique encombre mes valves cardiaques. Impossible de la joindre : les cabines téléphoniques sont squattées par des touristes. Certes, une fois, elle m'a déjà infigé douze minutes de retard place des Ternes, une autre fois, quinze minutes devant la Foire du Trône (ce qui m'avait permis d'entamer *Bel-Ami*, de Maupassant), et puis quinze autres à la sortie du bahut… Mais trente, jamais. Trente, c'est du désamour. Ou un grave accident. Je préfère l'accident. N'empêche, je décide de me rendre chez elle. Il me faudra remonter les Champs, prendre la rue Tilsit, me perdre sur Friedland, échouer bêtement devant les grilles du parc Monceau, demander six fois mon chemin, avant de reconnaître

son immeuble, au 225, Faubourg-Saint-Honoré (je l'ai noté dans mon agenda Chevignon, la première fois qu'elle me l'a dicté, en sortant du car, c'était un jeudi soir, un an plus tôt, bien avant que je touche ses seins ailleurs que dans mes rêves : aujourd'hui encore, ce souvenir m'ébranle).

Merde, je n'ai pas le digicode (récemment installé). Je l'aime. J'attends qu'un de ses voisins sorte. Je l'aime. La concierge rentre des courses, elle me reconnaît et m'ouvre : elle aussi je l'aime. Je monte. Je sonne. Sa mère me découvre essoufflé sur le palier, mon jeune phallus en feu dissimulé sous mon caban Naf Naf : « Que fais-tu là ? Je vous croyais au cinéma. » Je lui explique, elle s'inquiète, on s'inquiète, j'imagine le pire, à savoir la bouche de Claudia sur celle de Ruben, le Ruben aux yeux plus bleus que les miens sont gris, le Ruben que son père autorise à porter une paire de Nike à plus de 450 francs. Sa mère me sert une tasse de thé, disparaît. J'attends le retour de Claudia dans sa chambre. Ô cette chambre. Ô ces photos d'elle, punaisées au-dessus du lit. Ô son jeans stretch rouge vif Cimarron, jeté en boule au pied de l'armoire, une armoire pleine de tee-shirts et de petites culottes. Dieu seul sait combien de fois je me suis décalotté le prépuce en songeant à ce que moulaient ce pantalon rouge et ces tee-shirts froissés. Plus tard, au comble de la confiance mutuelle, elle m'avait même autorisé à salir de bonheur l'une des étoffes en question, sous ses yeux scandaleusement amusés. Jusque-là, pour moi, la nudité féminine s'était découverte au compte-gouttes, à travers les pages lingerie du catalogue 3 Suisses, une cassette VHS d'un film intello adulé par mon père (malgré cette ahurissante séquence de pénombre coïtale !), et – transgression suprême – l'authentique porno entraperçu deux minutes quarante-cinq, le 5 avril 1991, aux alentours de vingt-trois heures, sur la télé familiale, juste avant que les pas de ma mère sur le carrelage de la cuisine ne viennent réprimer l'enthousiasme de mon poignet droit.

16 h 20. Une porte s'ouvre, Claudia me surprend dans sa chambre : « T'étais où ? J'ai poireauté une heure devant le Gaumont Marignan, je suis entrée dans un bistrot pour appeler tes parents, j'ai laissé trois messages sur votre répondeur ! » Aussitôt, nos frayeurs respectives se sont roulé des pelles, je l'ai fait basculer sur son tapis Snoopy et, croyez-moi, en cet après-midi maussade, ce que j'ai fait contre sa cuisse droite et sur sa lèvre supérieure, je l'ai fait avec ce ravissement et cette ardeur qui manqueront toujours aux gamins d'aujourd'hui, ceux dont le cure-dent branché sur le très haut débit fut ramolli dès la sortie de la maternelle par des heures de YouPorn, ceux-là mêmes qui – à quinze ans – prendront des airs dédaigneux lorsque, sur l'écran tactile, la blonde aux obus transgéniques ne s'enfoncera guère jusqu'aux amygdales la matraque d'un hardeur allemand, tous ces jeunes orphelins de nos superbes impatiences dont les émois sont compressés par des RDV synchrones, des réponses instantanées, des pré-préréservations, des mappy.com, des strip-teases sur Skype, des « femmes + enceinte + ramonées + par un nain en couche-culotte + search » aussitôt récompensé par « 35 467 895 results ». Moi, quand je tape « sex baise hard » sur le Google de mes souvenirs adolescents, j'ai très peu de résultats, beaucoup de déceptions, une tripotée de refus, retards et contretemps… Pourtant, je revois mon cœur jouer de la batterie dans un groupe de heavy metal et mon sang, sans détour, retrouver le

chemin de la nef principale, celle dont les arcs sont tendus par l'imagination.

Vendredi 27 avril 2013. Ma fiancée, à qui je n'aurais jamais dû lire le début de ce texte, vient de me poser un lapin devant le Pathé Wepler. J'insulte en vain sa boîte vocale. M'en fous, je sais très bien où elle se trouve, pour l'avoir secrètement équipée du nouveau GPS vaginal. En attendant, je fais des emplettes platoniques sur Meetic. On n'arrête pas le regret.

La double inconsistance

Vingtième anniversaire du suicide de Pierre Bérégovoy. En hommage à l'ancien Premier ministre, Jérôme Cahuzac (conseiller fiscal), Dominique Strauss-Kahn (hôtelier), l'ex-grand rabbin de France Gilles Bernheim (romancier) et Claude Guéant (collectionneur d'art) sont partis – main dans la main – se balader au bord d'un fleuve. Nous restons sans nouvelles.

J'ai rêvé que Barack Obama se présentait à l'élection présidentielle française face à Angela Merkel. Et qu'il l'écrabouillait. Est-ce à dire que Hollande ne me fait plus du tout rêver ?

J'ai rêvé que Jean-Marc Ayrault se transformait en bouillon Knorr et qu'Angela Merkel le faisait fondre dans une soupe bavaroise. Est-ce à dire que je suis germanophobe ?

J'ai rêvé que je dormais jusqu'à la fin de la crise.

--

Ce midi, mon amie Laura m'annonce qu'elle demande le divorce. Par la même occasion, j'apprends que mes vendredis soir devront se séparer de son mari, charmante « pièce rapportée » prochainement déportée vers le crématorium des serments trahis. Il y a quelques années, Laura faisait tout pour me prouver à quel point cet avocat d'affaires d'origine pénale était « extraordinairement » drôle, sensible et tolérant. Depuis quelques jours, elle fait tout pour me convaincre que le même individu est « extraordinairement » bête, prévisible et buté. Dans les deux cas, j'opine du chef, en me disant qu'elle exagère. Et je la regarde tremper leurs bons souvenirs communs (dont j'ai souvent été le témoin) dans un grand bol de mauvais foi. Puis je me rebiffe : Rappelle-toi ces dîners merveilleux où il riait comme un gamin ? « Oui, il fumait trop de joints. » Ce mémorable anniversaire qu'il t'avait organisé sur la colline de notre enfance ? « Oui, pour mieux m'écraser sous le poids de la gratitude. » Et ce week-end torride ? « Bah ! Il fallait bien baiser pour meubler les silences. » Mais ces vacances en Italie où vous bavardâtes jusqu'à l'aube ? « M'en parle pas ! Je le soûlais pour l'endormir, tant le désir m'avait quittée. » J'abdique, son cœur a cessé de battre. Heure du décès ? Trop tôt ou trop tard pour que l'un des deux ne pleure pas. En l'occurrence, ce sera lui. Soudain, en écoutant Laura enchaîner sur des sujets plus légers, passant de la hargne au fou rire comme on passe d'Auschwitz au Futuroscope de Poitiers, je ne pus m'empêcher de m'identifier à ce pauvre avocat castré par l'inconstance paritaire. Le soir même, en rentrant, je n'ai cessé de regarder ma propre blonde comme une dissidente imminente. Chaque sourire tendre qu'elle m'infligeait devenait une preuve supplémentaire de l'énormité de son désaveu à venir. Sans mot dire, je réveillais la bête immonde qui grouille au fond de mon cœur et murmurais entre mes dents de laid : « Tu oses me serrer dans tes bras, scélérate ?.... Alors que dans deux ans, tu écriras sans doute ma biographie à charge... ! Que dis-je, deux ans, sans doute la cruauté te fera patienter le double pour t'assurer de mon chagrin indélébile ! Te voilà qui t'approches, balafrée par ce sourire qui n'a même pas honte de paraître sincère ! Tu oses réviser sous mes draps ce plaisir que tu donneras à tant d'autres après moi ! Comme je te vois d'ici, Judasse, minaudant tes griefs dans le box du tribunal, énumérant les échecs de mes prochains films (dont – ce matin encore – tu applaudissais la genèse) et abusant le jury en transformant mes chroniques alcoolisées en alcoolisme chronique, ma mélancolie en apathie, mon ambition en égoïsme, je le sais bien, lâcheuse en herbe, que tu me livreras aux chiens, en faisant pleurnicher ces deux pauvres enfants que nous n'avons pas encore faits. Tu me prendras tout, mes restes d'illusions (et Dieu sait que – pour toi – j'avais raclé les fonds de tiroirs), notre future bergerie normande, l'argenterie de ma grand-mère, la garde de mes filles ("Pensez-vous, monsieur le juge, qu'un dramaturge aussi tordu, un scénariste aussi obscène, mérite le droit de transmettre son venin à deux petites têtes blondes – d'autant qu'il y a trois chances sur quatre pour qu'il n'en soit pas le père ?"), tu me reprendras l'ancien chiot (que je m'apprêtais à t'offrir cet été), tu le dresseras pour qu'il me morde au visage et te dispense ainsi de tomber sur ma gueule, en zappant sur l'écran plasma du magnat moscovite dont tu auras bientôt la peau ! »

Cette nuit-là, elle n'a pas su que je venais d'éjaculer dans une sorcière.

--

Ce matin, Laura m'a appelé, penaude. Elle s'est rabibochée avec son avocat. « Tout va bien, Nicolas. Je ne sais pas ce qui m'a pris. Si tu savais avec quelle habileté il m'a récupérée : ce type est extraordinairement… » Soudain mes yeux redevinrent bleus : dois-je la remercier d'avoir sauvé mon couple ?

--

L'inconsistance, toujours. Ne l'ai-je pas vu, le mois dernier, parmi mes intimes, à la sortie de l'avant-première, se réjouir du petit film qu'il venait d'applaudir ? Et pourtant hier soir, j'ai regardé mon « ami » Frédéric Beigbeder ne pas me défendre face aux virulentes charges de ses chroniqueurs. Devant ma télé, sans broncher, j'ai regardé ce garçon (chez qui j'ai dormi, avec qui j'ai travaillé, qui a dîné à la maison, rencontré ma famille, lu mes manuscrits, assisté à mes premières, et dont j'ai maintes fois fait l'éloge – légitime – dans mes chroniques), et je l'ai vu ricaner aux vannes qui pleuvaient sur mon travail. Dans un premier temps – celui de l'innocence tardive –, je lui en ai voulu. Dans un second temps – celui du cynisme précoce –, je m'en suis voulu à moi : on ne confie pas son « amitié » à un garçon comme lui. On la loue. Comme un service. Ou une chambre, pour la nuit.*

*Droit de réponse d'Aymeric Beigpédé

Quand cette petite fiotte de Nicolas Bedos est venue me proposer d'ajouter un chapitre à son bouquin (si tant est qu'on puisse nommer ça un livre, vu qu'il s'agit – une fois de plus – d'une bouillabaisse de ses nombrilismes insipides vaguement édulcorés à la sauce progressiste), bref, lorsqu'il m'a supplié de poser mon grain de caviar sur sa salade parisienne, j'ai tout de suite accepté. De même que je l'aurais fait pour Ardisson, Frigide Barjot ou Maïté. Cette ouverture d'esprit ne vous étonnera pas venant d'un mercenaire qui cracha ses premières glaires dans les pages de Voici *(entre un scoop sur la gastrite de Rihanna et l'ITV chiffon de Cyril Hanouna) pour finir cadre sup au* Fig Mag *(entre les aigreurs prostatiques de Philippe Tesson et l'ITV lèche-fion de François Fillon). Si j'ai refusé une colonne dans* Minute*, c'est qu'ils n'ont plus un sou. N'allez pas faire de moi une girouette pour autant, car pour trahir ses convictions, encore faut-il en avoir une – ce qui m'a toujours semblé l'un des premiers symptômes de la ringardise. Au contraire, mon approche de la vie dépasse très largement l'adhésion ou le désaccord propre au binarisme bedossien, et quand je me suis chargé de la com' de Robert Hue pour le parti communiste, c'est à la manière de Warhol se passionnant jadis pour une boîte de conserve.*

Que les choses soient aussi claires que mon traitement contre le sommeil : Je suis devenu vaguement copain avec Nicolas par hasard, au moment précis où il devint presque célèbre. Avant ça, je faisais plutôt partie des happy-few persuadés que son arrogance de noctambule en culotte courte possédait le pouvoir de faire débuller le champagne. D'autant qu'en ce temps-là, il poussait son goût de l'anonymat jusqu'à écrire pour le théâtre ! On a autant de chance de faire la une de Paris Match *en écrivant des drames que de lever Kim Kardashian en lui demandant de la thune. Bref, je ne pouvais pas le sentir, ou plutôt je le coiffais d'un mépris tendance « ta gueule ». Et puis, allez savoir, le fait qu'il dise à la télé les mêmes horreurs que celles qu'il étalait sur les banquettes du Baron, le tout complimenté par* les Inrockuptibles, *rendit aussitôt ses costumes mieux coupés et ses formules mieux tournées. J'ai toujours préféré la posture publique à l'expression privée. D'ailleurs, contrairement à Cédric Nulleau – qui discutaillerait le style littéraire des ordonnances de son urologue – je suis l'un des seuls critiques que vous n'entendrez jamais causer littérature ailleurs que dans le journal. Affaire d'éducation : il y a certains sujets qu'on n'aborde pas à table, à moins que la table en question soit posée dans un studio de Canal+. Quelle ne fut pas ma déception en constatant que Bedos junior perdait un temps précieux à répéter dans mon salon les colères qu'il déclamait dans le poste. Toutefois, force est d'avouer qu'il n'était pas désagréable, vers 22 h 40 à la terrasse du Flore, de partager avec cette buse les regards énamourés de quelques actrices au chômage. Bien sûr, il me fallait passer outre sa fâcheuse tendance à n'être pas de droite, sa pénible propension à découvrir – en larmes – l'hypocrisie de notre milieu (dont c'est pourtant l'un des charmes précieux), à pester sur la déroute morale des magazines d'information, sa naïveté d'adolescent face à la vénalité d'une fille (d'autant plus bandante à mes yeux) ou la connivence de deux opposants politiques après onze heures du soir. Au fond, ce jeune confrère (plus con que frère) n'est acide et léger qu'un stylo entre les doigts. En coulisses, par contre, vous le croiserez toujours l'œil rougi par deux douches froides, noyant ses élans comme ses relents dans une imbuvable piquette de premier degré. Quelle corvée fut pour moi de l'entendre régulièrement m'apostropher à base de « Beig ! Je t'ai trouvé très injuste avec ce romancier » ou « Beig ! Comment peux-tu parler du "génie" de tel autre ? », moi dont l'unique idéal littéraire consiste à me faire chier le moins possible sur le chemin qui me conduit du Montana au Père-Lachaise.*

Puis il finit par m'être utile en acceptant de s'humilier dans mon premier long-métrage, dans lequel j'affublai cet autoprétendu séducteur d'une bite microscopique, ne le fiançant avec la chavirante Louise Bourgoin que pour le plaisir de la voir le cocufier entre les pinces de Gaspard Proust. Grâce au dieu de la candeur, il était alors si bien shooté par mes sérénades de grand frère qu'il ne décela même pas le poison dans la pomme. Le plus tordant, c'est que, sans doute flatté qu'un vieux serpent du Sous-Paris le choisisse comme marionnette, il m'encensa dans son canard ! D'une pière deux couilles, je m'étais payé sa tête et deux bons papelards ! Halte au remords : J'ai toujours pensé que dans un couple sado-maso, c'est le maso qui mérite l'opprobre (et les baffes !).

D'autant que je mériterais un chèque plutôt qu'un blâme, vu que c'est précisément l'ingratitude de ce rôle qui, quelques mois plus tard, lui donna la vigueur de s'en écrire un autre, principal et ridiculement flatteur cette fois-ci, dans Amour et turbulences, *bluette à côté de laquelle la mienne semblait filmée par Polanski. C'est là que nos chemins se séparèrent enfin, quand l'enfant de chœur réalisa (avec trente-deux ans de retard), que – Ô monde cruel, ô désespoir – j'étais capable de lui sucer le nœud-pap le soir de la première tout en le tailladant dans mon émission de télé (lire page précédente, le chapitre pathétique où il met en scène notre amour contrarié).*

Bref, vous lirez dans ce livre les turpitudes d'un Parisien qui noircirait moins de pensées et moins de papier (et, par conséquent, sauverait bien des arbres) s'il daignait vivre à la campagne ! Vous découvrirez que si l'Amour a ses raisons, le désir en a d'autres (Nicolas Bedos, c'est un Roméo de sitcom défoncé à la bière qui, s'étant trompé de Juliette quatre nuits d'affilée, l'empoisonnerait de force pour lui épargner sa honte). Vous noterez aussi plein de détails insignifiants sur la politique française, ce sport rébarbatif qu'aucun grand écrivain ne se rabaisse plus à tripoter depuis les années quatre-vingt (on dit de la famille Bedos que les chiens ne font pas des chats, moi je soulignerais surtout que les chiants font des chiants). Vous lirez enfin qu'il n'est pas si facile d'être un joli garçon célèbre, tant la meute virtuelle cherche à vous le faire payer. Pour ma part, la nature eut la bonté de m'épargner les jalousies. En effet, mon physique possède cette franchise que mon caractère maquille : même mes lèvres se cachent dans ma barbe pour mieux trahir mon nez. Voyez comme je m'éreinte sans pleurnicher ! Car les mois passent et l'émoi passe. J'en ai vu des comme lui batailler contre les vents contraires du boulevard Saint-Germain, s'enorgueillir de nos éloges, puis fustiger nos reniements, et se renier enfin. Le monde est une triste boutique dans laquelle je vends très bien. La crise économique et les nouvelles technologies menacent l'existence-même du livre, de la presse et des films pour adultes, alors ce ne sont pas nos querelles de chapelles désertes qui froisseront mon smoking Dior de location ! Tout ça me paraît aussi vain que si, le 11 septembre, deux collègues de bureau s'étaient disputé le succès d'une opération financière en tombant des Twin Towers. Profitons du sursis que quelques lecteurs nous accordent ! Passons sans scrupule du perfecto à l'habit vert ! Avalons les petits gâteaux dans des jurys gâteux afin de voter pour des amis (c'est-à-dire ceux qui nous le rendront) ! Comme disait une gamine que je draguais la semaine dernière : « La fidélité ? Mes parents ont essayé, c'est comme l'amour : ça marche pas. » Voilà. La petite vedette du mois me trouve lâche et mesquin ? Elle me reprend toute son estime ? Peu me chaut tous ces fragiles re-sentiments, car avec moi il y a longtemps que l'amitié aussi ne dure que trois ans.

A. B.
à 6 heures du mat, Saint-Pétersbourg

Le bruit du silence

Les médias n'aiment rien tant que jacasser au sujet de ceux qui ne leur parlent plus. Certaines feignasses du show-biz, ayant vite compris que le silence enfantait du commentaire à gogo, de la rumeur contradictoire et la couverture gratuite de plusieurs magazines, en ont même fait leur secret. Chez les chanteurs, par exemple, c'est bien le seul talent que Mylène Farmer partage avec David Bowie : si la première a l'extrême obligeance de fermer sa boîte à platitudes entre chaque album Liebig, le second a frisé le génie en nous laissant – pendant dix piges ! – le croire tour à tour cancéreux, hétéro, sourd, blond, brune ou simplement riche, avant de resurgir – l'ambivalence intacte – d'entre ses morts. (Je tiens à préciser, pour Patrick Fiori, Chantal Goya et tous ceux dont le succès est plus capricieux, que leur silence à eux, de nature à se propager, est strictement déconseillé.) Chez les actrices françaises, on pense aussitôt au caractère ombragé d'Isabelle Adjani, dont Arte diffusait ce soir l'interview-confession. Que j'ai regardée. Et que j'ai adorée. Et dont j'ai besoin de parler.

Oui, cher lecteur, en pleine déprime collective, les vaches sont si maigres qu'il nous faut traire tout ce qu'on ADORE. D'aucuns proposent d'acheter français, moi je propose d'écrire J'ADORE. Alors sache que J'ADORE Isabelle Adjani. Car elle eut l'idée GÉNIALE de faire « actrice géniale » et d'imprimer sur pellicule le charme funambule de ses années miraculeuses. D'ailleurs, je ne l'adore pas que du temps de sa splendeur. Je l'aime aussi à trente-deux ans. Je l'adore amoureuse en Adèle, je l'aime adorative en Claudel, j'ai envie de l'embrasser dans *La Gifle* et de la gifler dans *L'Été meurtrier*, j'aime la voir fumer crânement dans un film puis toussoter contre la fumée d'un bellâtre dans le suivant ; dans les vieilles interviews, j'ADORE qu'elle évoque Molière, Roland Barthes et Truffaut en employant des mots plus complexes que sa pensée d'alors, je lui pardonne de dire « mon âme » à la place de « mon cœur », « adversité » plutôt qu'« ennemis » et « philanthrope » au lieu de « gentille » ; je l'ADORE dans l'émission de Philippe Bouvard quand, du bout de ses yeux clairs et du haut de ses seize ans, elle envoie chier Dutronc. D'ailleurs, je suis sûr que ses yeux qui « pleuraient trop » dégonflaient plus vite que ceux de celles qui ne pleurent jamais ; plus tard, j'aurais adoré qu'elle me transmette par la bouche le fameux virus qu'elle n'a jamais contracté ; je comprends très bien quand elle dit – entre deux silences suffisamment longs pour crisper Freud himself – que le « show » n'est pas obligé de « must go on » et qu'elle préféra la vie à l'art, au contraire de Romy. Enfin, je succombe quand, à seize ans, en costume d'Agnès et d'une voix en faïence de Delft, elle murmure « le petit chat est mort », car soudain j'aimais ce chat, je le retrouve, je l'empaille et je lui rends. Bref, me précipitant sur le moindre bol d'air pur comme les déçus de Hollande sur une promesse de Mélenchon, j'y plonge et je m'y lave de tout le spleen accumulé face à Jean-Marc Ayrault et Jean-François Copé. Ils ne sont rien sans elle. La vie n'est rien sans l'envie de vivre.

--

Dans la famille des grandes actrices qui ont fait du silence leur outil promotionnel, j'appelle à présent… Nicolas Sarkozy ! À mesure que Hollande s'enferre dans une crise mortifère, l'omniabsent rival redore son blason pour pas cher. L'avantage de sa retraite bidon ? De même que l'argent des très riches enfle pendant qu'ils bronzent, chaque silence de Sarko se transforme aussitôt en une solution potentielle ! Le bénéfice du doute, dont l'actuel président n'aura jamais profité, l'ancien loser en est plein aux as ! Davantage obsédé par son retour providentiel que par le salut du pays, ne nourrissait-il pas le rêve d'une crise infatigable, d'une Europe exténuée, d'une Allemagne intraitable et d'une Marine galvanisée par l'amertume générale ? Jusque-là, le fantasme de Sarko vit un rêve : décidément, ce type est un cocu. D'ailleurs, pour célébrer l'anniversaire des un an de Hollande à la tête du merdier, France 3 n'a rien trouvé de mieux que de rendre « hommage » au mandat de son prédécesseur.

Dans le premier documentaire, rondement mené par mon ami Giesbert, le point de vue ne cesse de tituber entre la charge et… la nostalgie. Le vice de Giesbert journaliste, c'est Giesbert romancier. Si le journaliste reconnaît qu'à bien des égards c'était pire avant (ego démesuré, volontarisme frivole, diplomatie téméraire, ouverture poudre aux yeux, lois-spectacles, électoralisme extrême droitiste), le brillant portraitiste qu'il est ne peut s'empêcher de noter que ses pires défauts en faisaient un sujet autrement plus attractif. Le président que nous décrivent les nombreux intervenants (de droite comme de droite) « effraie », « fascine », « choque », « épate », « terrifie » et autres sentiments primaires que l'actuel chef de l'État ne suscitera jamais. Jamais ! Et nous voilà dressant la liste de ce à quoi on sait gré à Hollande d'avoir mis un terme et ce qu'on aurait – finalement – voulu qu'il imite. Certes, la colonne des « ouf, plus jamais ça » est longue comme le bras d'un basketteur américain, mais un mot – au moins un – semble s'incruster dans celle des « ça, c'était pas si mal, merde ! », et ce mot se décline à l'envi : initiative, autorité, combativité, offensive, audace, culot, persuasion, persuasion, persua-sion, PERSUASION… Et, pourtant, très longtemps je me suis persuadé du contraire.

Quand je pense au calvaire enduré par les séquestrées de Cleveland quand elles vont découvrir, après dix ans de vacances, que leur pays est dirigé par un Noir et que la France est présidée par la ville de Bruxelles… Pauvres petites…

Lorsque la maison familiale de Calvi est vide et que ma blonde et moi l'investissons pour le week-end, elle y évolue avec tant de plaisir et de naturel que je me sens chez elle. Un comble quand on sait que cette baraque a vu défiler une dizaine d'amoureuses. L'amour passe gentiment l'éponge sur le tableau noir du passé.

Les chiffres ont un visage

Depuis toujours, je déteste les chiffres. Petit, il me fallait leur inventer des sexes et des caractères afin d'éviter la somnolence ou la nausée. Le 1 était un petit garçon trop sage, le 2 son copain pleutre, le 3 la grande sœur qui cachait un cœur tendre derrière ses airs autoritaires, car elle imitait 6, la maman du 1 et du 3, neutre et permissive, mais largement plus futée que 5, l'oncle oisif et dépensier, toujours en train de draguer 4, en vain, car cette dernière – à choisir – préférerait se faire reluquer par cette vieille gouine de 7 que par papy 9, ce dadais chauve et priapique qui est à notre majesté 10 ce que le prince Philip est à la reine Élisabeth. Mon raisonnement se poursuivait sans fin puisque 11 n'était qu'un 1 à l'âge adulte, 33 une 3 désormais trentenaire, 113 une 33 ayant fait fortune et, pour ce qui est d'une combinaison comme 2 147 (par exemple), c'est la personnalité orageuse du 4 (ou plus tard, du 14) qui, écrasant le caractère veule de tatie 7, parfumait l'ensemble du chiffre.

Bref, en dépit de ce stratagème, je me suis tapé 5 à l'issue de l'épreuve mathématique du baccalauréat. 5 ! (le plus con de tous, à l'exception de 0 – un ectoplasme embryonnaire légalement avortable).

Heureusement, en ce temps-là, mes connaissances

littéraires et mon « approche humaine de l'humain » (Marc Levy) me suffisaient largement pour tenir la dragée haute à la vie de tous les jours et aux femmes de tous les soirs. Idem pour ce qui est de « mon approche politique de la société ». En 1998, nul besoin d'une calculette pour défendre les sans-papiers, l'abolition de la peine de mort, l'égalité des sexes, la dépénalisation du shit, le droit de grève ou la répartition des richesses entre d'odieux chefs d'entreprise qui roulent en Porsche et l'affable SDF qui s'écroule sous le mien.

Imaginez mon désarroi lorsque, récemment, cette vilaine tribu de numéros s'est emparée de mon univers. Ma fiancée m'interroge – gouine fois par jour – sur le nombre d'ex (dadais chauve en phase terminale) que j'ai dans le cinéma français, le cinéma français s'interroge sur le nombre d'entrées de mon dernier film (oncle oisif plein aux as) et le succès de mon dernier film reposait sur les chiffres du premier jour (dépendant du nombre de visionnages de la bande-annonce sur AlloCiné dont mes amis chiffrés sur Facebook se demandaient s'il serait supérieur à celui de mes chroniques sur YouTube). Quant au monde extérieur à mon nombril, c'est pire : les présidents – de gauche comme de droite – ont TOUS la tête d'un prof de maths à force de nous expliquer, craie en main, combien le taux de croissance dépend du taux de déficit public multiplié par celui du chômage. En outre, dur d'être de « gôche » ou de droite dans un monde où les ministres de « droiche » rabâchent à longueur de discours que taxer les pauvres profite aux entreprises qui profitent à la croissance qui profite à l'emploi, donc aux pauvres… Ce qui leur permet d'arriver à cette formule plus révoltante que révolutionnaire : « Taxons les pauvres pour leur bien. » Merde ! Donc, selon les matheux de 2013, la flexibilité (qui, en 1998, dans mon monde littéraire de cancres, rendait la vie des travailleurs plus dure) leur rendra l'avenir plus doux : les chiffres ne mentent pas. Dans l'algèbre actuelle, le compromis avec les marchés – qui, en 1998, permettait à des connards d'exploiter davantage leurs larbins ancestraux – nous sauvera de la faillite sociale : les chiffres ne mentent pas. Résultat, voilà des années que moi et tous les débiles dans mon genre pataugeons dans une matière dans laquelle on est nuls et qui permet à Maxime de mon cul, tête de nœud professionnelle, de dire – chez moi, à ma table, dans ma soirée de gens de gauche, en caressant le cadran de sa Rolex héritée de son papa – que « la France s'est habituée à vivre au-dessus de ses moyens, Nicolas ! » et qu'« il est malheureusement temps que les salariés consentent à quelques sacrifices ». Mais, comme l'écrit si bien (ou si mal) mon confrère Jack Dion (sans doute un autre ahuri recalé de HEC) dans le *Marianne* de cette semaine : *« Qui vit au-dessus de quoi ? Les smicards, dont* Le Monde *se demandait la semaine dernière s'ils n'avaient pas un salaire trop "généreux" ? Les chômeurs, alors que la moitié d'entre eux ont une indemnité moyenne de 1 000 euros par mois ? Les salariés qui vont pouvoir travailler plus en gagnant moins grâce à la réforme du travail ? Les familles qui vivent des fins de mois chaque semaine ? »*

Sauf que, de même que Maxime m'avait dit, une heure plus tôt :

« Bravo pour ton livre.

– T'as aimé ? lui dis-je

– Non, mais j'ai lu les chiffres. »

Ce dernier n'a pas « vu » la société non plus, il en a « lu les chiffres ». Et la France, ça donne quoi ? En baisse. Et le bonheur ? Très moyen. Et moi, pauvre de moi, avec mon 5 au bac, je me tais. Et replonge dans Balzac, Martin Amis ou Kundera. Des histoires d'hommes et de femmes : toutes ces choses qui, à force de se compter, ne comptent plus.

--

Félicitations ! Oh, la roublarde ! Angelina Jolie réussit à planquer une opportuniste restauration mammaire derrière une campagne de santé publique. Bien joué ! Bientôt nous apprendrons qu'Emmanuelle Béart anticipa un méchant bouton de fièvre et que Karen Cheryl a préféré se prémunir contre toute sinusite. Plus sérieusement, je désirais si vivement Angelina avant l'ablation de ses faux seins que, non seulement je l'aurais choyée cancéreuse, mais je ne l'aurais pas refusée morte. En revanche, ce ne sont pas tant ses interventions chirurgicales qui pourraient me refroidir que son légitime statut de sainteté moderne. Elle allaitait déjà la moitié de l'Afrique et une partie de l'Asie centrale, la voilà sacrée madone de la lutte contre la maladie : devant tant de courage, soudain, c'est moi qui me sens tout circoncis.

--

Depuis ce week-end, c'est reparti :

« Tu vas à Cannes ? Tu vas à Cannes ? Tu vas à Cannes ?

– Et toi ?

– Oui.

– Alors non. »

À la croisette des genres

Cette année, MA palme d'or du festival de Cannes revient à la santé du fils de Kirk Douglas. Tu trouveras ça sans doute débile s'agissant d'un vieux milliardaire new-yorkais que je ne croiserai jamais, mais je suis ravi qu'il ait triomphé de son cancer de la langue. Et Dieu sait que je me contre-fiche des analyses sanguines de la plupart des stars – Johnny Depp peut attraper la malaria dans le fion d'un goret sans que ça freine ma boulimie, mais pour Michael Douglas, je fais une exception. Pour plein de raisons. Je voulais qu'il guérisse. Je voulais qu'il guérisse car, du haut de ses vingt-sept ans et de son patronyme en plomb, il batailla pendant trois ans pour produire *Vol au-dessus d'un nid de coucou*, que tous les studios dédaignaient. À la façon de Cassavetes investissant ses cachets d'acteur de nanars pour ressusciter ses pellicules intimes, Douglas jouera des séries B pour mener à bien cette merveille qui, outre sa valeur artistique, bousculera enfin le regard du grand public sur le monde psychiatrique. Je voulais qu'il guérisse car il a joué mieux que personne les enflures pleines aux as, faisant de sa seule présence une redoutable satyre anticapitaliste. Je voulais qu'il guérisse car je fus fasciné d'apprendre qu'il luttait dans une clinique contre son insatiable envie de niquer alors même que je luttais dans ma chambre pour bander. Je voulais qu'il guérisse à cause de *La Guerre des roses* (fausse comédie romantique et vrai pamphlet contre la bourgeoisie : du Barbara Cartland corrigé par Blier). Une fois de plus, Douglas y jouait un con. Un pleutre. Un nouveau riche. Sauf que les cons joués par Douglas, quand ils tombent raides amoureux, peuvent se transformer en punks et faire sauter leur propre banque. Je voulais qu'il guérisse parce que c'est l'un des premiers à avoir prêté sa gloire à Steven Soderbergh – celui qui, pendant des années, rendit presque comestible la cuisine hollywoodienne. Je voulais qu'il guérisse parce que son fils est en prison pour trafic de Crystal Met, que sa femme est à l'asile pour troubles bipolaires, que son frère est au cimetière pour overdose d'héro et que lui trouve le moyen, à peine remis de son cancer, de jouer une folle tordue dans les bras de Matt Damon. En plein débat sur le mariage gay, ce bourge est révolutionnaire ! Comme il le raconte – très drôlement – à longueur d'interviews : « Ni le fric, ni la gloire, ni le cul n'auront fait mon bonheur. » Alors je voulais qu'il guérisse parce que je veux être aux premières loges lorsque, criblé de remords, il se fera sauter la banque dans son palais new-yorkais.

Cerise sur le gâteau de ma sympathie pour cet acteur : c'est le fils de son père. Et il en parle bien. Sans chichis. Sans rancœur. Il dit la vérité : qu'Hollywood le lui a longtemps fait payer. Qu'il n'a pu décrocher ses premiers rôles que dans les films qu'il produisait. Qu'il a quitté quatre plateaux de télé parce qu'on ne cessait de les comparer, allant jusqu'à lui diffuser des montages comparatifs de leurs scènes dans l'espoir qu'il comprenne que le grand Kirk était meilleur !

Un père qu'il adorait. Dont il redoute la mort chaque

nuit. Mais que les autres (c'est-à-dire les journalistes) lui ont rendu insupportable de trente à quarante ans, le temps pour lui de se tailler un costard à sa taille, moins large d'épaules, moins héroïque, plus cérébral, plus vénéneux.

--

Mais la vraie palme, dimanche, c'est la jolie Léa Seydoux qui la tiendra dans ses mains ! Pour son rôle de lesbienne bleue (bien fait pour tous les cathos gris !). Bérénice Béjo, quant à elle, aura le double honneur de ramener chez son mec un prix d'interprétation dans un film qu'il n'a même pas réalisé lui-même. (Un ami méchant, qui les connaît toutes les deux, m'a aussitôt textoté : « Elles avaient déjà le melon, ils ont rajouté le jambon de Parme. ») Ce que je retiens, c'est que le festival de Cannes ressort toujours vainqueur de sa schizophrénie : d'un côté, les mimi-la-casquette agglutinés devant Christophe Maé beuglant ses fadaises sur le plateau du Grand Journal. De l'autre, Steven Spielberg, humble magicien du cinéma populaire, couronnant le chef-d'œuvre d'Abdellatif Kechiche, prétentieux magicien du cinéma d'auteur. La nuit, des dindes intéressées s'en mettent plein le pif devant le service d'ordre de DiCaprio. Le matin, des cinéphiles intéressants s'en mettent plein les mirettes devant un poème coréen. Fut une année où, de passage à Cannes, l'insomnie me permit de caresser une dinde devant un drame français qu'elle prit pour du chinois. J'écrivais les discours de Mélanie Laurent, alors maîtresse de cérémonie. Bien que surpris que Canal+ engage un pamphlétaire pour griffonner des révérences, je n'allais pas refuser de noircir deux feuillets à Paname en échange de cinq nuits blanches au Majestic ! D'autant que mon badge me permettait de me faufiler partoutes. Sauf que la luxure était si générale que, n'étant plus un luxe, elle me fit pousser la soutane. Après trois baisers timides, je m'assis sur une banquette et regardai passer les trains : Des actrices mariées – incorruptibles dans leur ville – deviennent, le temps d'une orgie trilogique, le carrefour des connards. Des jouisseurs patentés dépriment et se mettent à filer droit. Des déprimés se mettent à l'envers. Un critique aux *Inrocks* se rabaisse à trinquer avec une stagiaire de *Télé 7 Jours* ! Michel Denisot se couche tard ! Frédéric Beigbeder est tellement cuit qu'il est sincère ! D'immenses cinéastes sont refoulés devant une boîte réservée aux grosses vedettes qui ont été tricardes à la soirée d'une petite star. Dans la rue, les badauds surestiment votre notoriété, mais partout des RP à la noix sous-estiment votre fierté. À Cannes, même la mer a l'air provisoire.

Du coup, un soir, refusant de m'amuser en même temps que tout le monde (c'est beaucoup plus drôle quand les autres font la gueule), j'ai rejoint mon hôtel. Au lieu d'appuyer sur le bouton du 4e, je me suis arrêté au 3e. Là, me payant l'aller-retour d'un pèlerinage morbide, je me suis posté devant la chambre où, quelque dix années plus tôt, j'avais tenté de mettre un terme à mes échecs terrestres. Cette année-là, avant de mourir, je m'étais pris en plein cœur la compétition officielle : *Rosetta* des frères Dardenne, *L'Humanité* de Bruno Dumont et *Une histoire vraie* de Lynch – autant d'histoires poignantes sur des petites gens formidables qui, partant de rien, avaient su saisir leur chance. À l'inverse de moi qui, partant de la chance, ne saisissais plus rien. J'avais donc décidé d'avaler de la mort-aux-ratés et de noyer mes remords dans un dernier bain moussant. Loupé ! trois heures plus tard, une femme de chambre peu complaisante, voyant l'eau savonneuse envahir le couloir, m'avait bêtement remis au monde, à savoir dans la merde. En ouvrant l'œil aux urgences, je me rappelle qu'une infirmière m'avait dit : « Vous n'avez pas honte de faire ça en pleine période de festival ?! »

Le soir même, le regard whitneyhoustonné et le visage encore bouffi par l'effet des médocs (qu'un optimiste m'avait juré mortels), je me trémoussais sur la piste de la boîte Canal+. Sans doute alerté par l'odeur du mal-être, personne ne m'approchait. Le malheur, c'est un peu comme les bébés : celui des autres est toujours moins attendrissant. J'ai dansé jusqu'à l'aube. Jusqu'à ce que je sois trop épuisé pour me refaire couler un bain. En ce temps-là, j'étais loin d'imaginer que dix ans plus tard j'en serais encore très loin !

Cela dit, aujourd'hui, treize ans plus tard, je m'adresse à toi, jeune flippé qui serait tenté par un dernier bain de sang moussant, parce que tu te trouves plus petit que tes ambitions d'adolescent, parce que le club des vanités te refuse de rentrer, parce que tu te crois moins drôle que le prochain mec de toutes tes prochaines ex, dis-toi bien que j'en connais un qui, des années plus tard, au sortir de son bain, a vu une future palme d'or lui tendre une serviette rose ! « *Des ténèbres à l'embellie*, me fredonnait Barbelivien dans son studio de fonction au siège de l'UMP, *le ciel de nos vies est changeant* », alors – par pitié – ne fais jamais toi-même les prévisions de ta météo.

La chronique musicale

Cette nuit, Ray Manzarek, claviériste et cofondateur du groupe The Doors, est mort. Il avait rencontré Jim Morrison sur une plage californienne en juillet 1965. Deux étudiants en cinéma, au bord de la merde. Jim, qui tentait de maigrir en gobant des acides, se prenait pour un poète. Ray, qui ne jurait que par Bouddha, pianotait depuis l'enfance. En marchant sur le sable, ils dessineront *Break on Through*, *Light My Fire* et *Riders on The Storm*. Ray, plus fasciné que jaloux, ne cessa d'aimer Jim, par-delà ses déglingues et sa mort. Ses intros à l'orgue hypnotisaient le public avant l'entrée de la bête – souvent bourrée, toujours sublime – levant la main au ciel pour toucher une étoile et le cœur des pucelles, tordant son torse nu sur des morceaux si libres (cocktail de jazz, ragtime et rock) qu'ils provoquèrent l'épilepsie. Le clavier de Ray suivait, berçait, portait comme un frère les égarements de Jim. Par la suite, la presse fantasma maintes fois la mort de Morrison. Un coup poignardé, une fois tombé du toit… Le soir où Ray apprit que son pendant s'était pendu au crochet de la dope, il frappa son piano au point d'en briser plusieurs touches. « C'est la première fois, dit-il, qu'il me fit sortir de mes gonds : c'était la mort de trop. »

Si j'aime autant les Doors, ce n'est pas que leur « manière » soit très originale, c'est qu'elle fut « à l'origine ». Ce n'est pas qu'ils proposent un mélange de talent, de blasphème et d'autodestruction – tant resservi depuis –, c'est qu'ils le firent innocemment, sans chercher la légende, sans forcer la mystique, dans l'ignorance d'une esthétique télévisuelle.

Aujourd'hui, j'ai plus de mal à m'attendrir face à la énième désagrégation de énièmes mauvais garçons. De même qu'un amateur d'art reste stoïque devant une toile cubiste peinte plusieurs décennies après Braque et Picasso, les chemises et les cerveaux déchirés n'ont plus rien de déchirant cinquante ans après Lennon, Jagger ou Hendrix.

Pourtant, ça continue en 2013, à coups de clips vintage, comme si personne n'était mort mieux qu'eux bien avant, comme si on ne connaissait pas par cœur la fin de la chanson sans fin, la guitare qui s'envole, les cheveux longs et gras de sueurs alcooliques, les gamines qui s'époumonent avant de s'offrir dans l'ascenseur, les grimaces sataniques et les moues indolentes. Chaque jour, me direz-vous, la scène musicale monnaye de jolies choses, des sons curieux, des combinaisons et des courants nouveaux, mais c'est le scénario même des carrières qui me lasse, celui sur lequel repose le biopic de base : enfance chaotique, galère, premier disque, panoplie androgyne, triomphe, défonce, sabotage, renaissance et overdose. Du coup, je fais une overdose d'overdoses ! Surtout depuis que les seringues semblent téléguidées par la légende des grands-parents. Bref, j'ai beaucoup moins de peine pour ceux qui se droguent ou se flinguent devant leur beau miroir. Comme dit l'instituteur : « Sois le premier en quelque chose. » Fût-ce en absentéisme.

--

Plus fort que les Doors, plus fort que les Beatles : TF1 diffuse en exclusivité mondiale… la finale de « The Voice 2 ». Ce soir, le télécrochet le plus suivi de la décennie couronnera le futur chômeur dont l'organe vocal pissera le plus haut. Désormais, la chansonnette a son tuning ! Ne leur manque plus qu'un jury d'oto-rhino. Afin d'aider les candidats (et la chanson française), Patrick Bruel se casse la voix, Florent Pagny ajoute un chapitre à son « Pavarotti pour les nuls » et Lara Fabian, qui est à l'émotion ce que Rocco Siffredi est à l'érotisme, s'amuse à briser mes boules de cristal. Pris d'un fou rire d'ado devant l'ambiguïté sexuelle GÉNÉRALE de nos charmants participants, j'ose tweeter : « Y a-t-il une version hétéro de "The Voice" ? » Aussitôt, les ayatollahs de la tolérance égorgent ma plaisanterie : des dizaines d'homos – que je me tue à défendre chaque semaine dans la presse (et ce, de façon pathétiquement désintéressée) – m'insultent, me menacent physiquement. Certains vont même jusqu'à prétendre que mon acrimonie à l'égard des différences refoule un penchant pour les hommes. Ah bon ? Le lendemain, dans le journal, je me découvre « homophobe », accusation plus diffamante que ma vanne de la veille ! Ça valait bien la peine de becqueter mon dico pour défoncer Frigide Barjot ! Que la loi passe, j'en suis ravi, mais, par pitié, pas sur l'humour ! Je suis à peu près sûr qu'on peut être POUR le mariage entre blonds… et se moquer des blondes (la mienne adore ça) ! C'est à vous rendre nostalgique de l'époque où ces petites fiottes rasaient les murs, plutôt que tout le monde ! (Hop, un procès.) De toute façon, que les gays sans humour se rassurent, je me la mets moi-même profond : vu que les Arabes me croient juif, les juifs, antisémite, les connes, sexiste, les réacs, bobo, et les bobos, cynique… Je n'ai plus qu'un seul parti, celui d'en ricaner avec ceux qui comprennent. Reste une question qui me tarabine, et je vous prie de n'y lire aucune autocomparaison foutrement vaniteuse : que tweeterait Coluche ? Que tweeterait Desproges ? Et Gainsbourg ? Et Morrison ? Hein ? Leurs dates de tournée ? Leurs bistrots préférés ? Le bon bordeaux qu'ils ont goûté ? Des blagounettes inoffensives sur la montée du prix de l'essence ? Répondez-moi sur Twitter, et faites fi des convenances, que ça danse un peu…

Ma fiancée lit autant que moi. Des romans, des nouvelles, des biographies. Avec le même plaisir. Ce qui est très pratique car ça m'évite la culpabilité de rompre une conversation pour plonger dans le silence d'un bouquin. Chaque soir, on plonge à deux en se tenant la main.

Avec cinquante-cinq ans de retard, je découvre Georges Simenon. Qui n'est pas QUE le père du commissaire Maigret, de même que Nabila n'est pas QUE une pute. Non, Simenon me déflore avec un de ses romans noirs : *Trois chambres à Manhattan*, écrit dans un style très jazzy au sortir de la guerre. La solitude d'une liaison sans amour, des bitures sans ivresse, des dialogues par bribes de tendresse voilée, la mort qui rôde, la vie qui prend corps sur des images de New York comme si vous y étiez. Mieux que si on y était.

Du moins, beaucoup plus fort que quand j'y suis allé ! Bref, « c'est hypermoderne », comme dirait Beigbeder.

Depuis quelques années, dans une revue confidentielle, je fais l'éloge bavard des livres et de la radio. Non pas pour faire joli entre deux cochonneries, mais parce que, sans images, on y voit davantage. J'aime le cinéma, j'en ai fait mon boulot. Mais, lorsque je lis, c'est avec ce plaisir que j'éprouvais lorsque, petit, j'écoutais ma demi-sœur me chuchoter quelques histoires dans la chambre noire. Tout récit est un film dont je suis le producteur au budget illimité. D'autant qu'une fois les yeux fermés je n'ai qu'un geste à faire pour baiser l'héroïne qui m'allume sous sa couverture de papier.

Chronique d'un vieux con n° 3

10 heures. En flânant dans mon ancien quartier, je m'aperçois que mon vidéoclub a été remplacé par un snack. C'est donc vrai : Les DVD ont rendu l'âme sous les coups de la VOD (CanalPlay, itunes) et des sites de téléchargements illégaux. Même trépas pour les CD : on annonce la fermeture du Virgin Mégastore et l'agonie de la Fnac.

Je me souviens de la boutique *Champs Disque* qu'abritait la galerie du même nom. Adolescent, je partais de Neuilly (cette réserve de riches sarkozistes où mes parents, dans un élan sadomaso, m'élevèrent contre tous nos voisins), je prenais la ligne 1 et descendais à la station Franklin-Roosevelt pour présenter au vendeur (un trentenaire aux baskets « tellement cool ») la liste des albums (tellement cool) qu'un type de mon âge (tellement bête) se devait de posséder. Dans le métro du retour, je reniflais et contemplais la jaquette du dernier « Public Enemy », « Nirvana » ou « De la Soul » (j'avoue qu'en cachette de moi-même, cédant à mes goûts véritables, j'avais tout de même pris la peine d'ajouter un best of de Daniel Balavoine, Gainsbourg ou Michel Polnareff, autant de titres que j'écouterai en douce mais en boucle). Aujourd'hui, je n'achète plus d'album, je télécharge un titre sur mon smartphone, l'écoute jusqu'à le vomir par les oreilles, puis le supprime d'un pouce de ma mémoire numérique. Dans le genre « c'était mieux avant », on peut regretter que la mort du CD nous dispense, en plus du joyeux périple décrit plus haut, de découvrir quelques perles cachées entre deux tubes, ces morceaux dont seule l'écoute répétée de l'album intégral dévoilait le sens et la beauté.

11 heures. J'ai pris un avion à Orly, où je n'ai pas eu l'occasion de humer le parfum d'une seule hôtesse « de terre ». Il semble qu'elles aussi aient été fusillées par le progrès. À la place : des machines. Une pour sortir mon billet et mon ticket de bagage, une autre pour avaler le bagage en question, puis un portique « intelligent » pour accéder en salle d'embarquement. Pas une jupe bleu marine. Pas un rouge à lèvres rose. Dommage, depuis quelques années, je les trouvais plus bandantes au sol qu'en l'air.

12 heures. Dans l'avion, un étudiant fort sympathique m'aborde pour me dire qu'il n'est pas allé voir mon film en salle (trop cher, la crise, Cahuzac, la météo et je ne sais quoi), mais qu'il le verra sur le net. Je le remercie d'avance de me « télécharger ». C'est toujours ça de créé. Je le comprends : pourquoi serait-il allé se ruiner sous la flotte quand il suffit d'attendre quatre mois pour se marrer à domicile, un pétard dans une main et sous l'autre celui de sa gonzesse. Moi-même – qui ne suis pas le premier concerné par la crise – c'est à cheval sur mon Ipad que je me rends au cinéma. Et même Jean Dujardin, dont chaque film génère encore plus d'un million d'entrées, me confie régulièrement ses tremblements testiculaires quant à l'avenir d'un certain genre de films « en salle ». « Les gens, me dit-il, ne bougent plus leurs fesses que pour des Big Mac en

3 D, des voitures qui volent, des batailles martiennes et autres Spiderman 14. Mais pour ce qui est du cinéma d'adultes terrestres, ceux dont le seul superpouvoir est d'ouvrir leur grande gueule, ça pue l'écran plasma. Aussi pleunicheuses ou tordantes seront-elles, les histoires de cœur, de cul et d'amitié brisée dans un bar à Séoul, Bordeaux ou Manhattan attendront sagement la diffusion télé. » Et Jean d'ajouter : « Désolé, mon Nico, t'aurais dû faire l'acteur y a cinq ans, c'était royal au bar ! »

Même constat outre-Atlantique, dixit Steven Spielberg et George Lucas *themselves* : « Ne survivront que les franchises pour ados. Le cinéma d'adulte vivotera en VOD. » Notons en passant que ces deux prophètes dépressifs étaient plus souriants quand il s'agissait d'abrutir la planète avec *Transformers* et les suites en toc de *StarWars*.

Pour se consoler, les bardes du box-office français pourront toujours chanter les trois cartons tricolores de ces deux dernières années, à savoir *Sur la piste du Marsupilami*, *Les Profs* et *Boule et Bill*, autant de clubs Mickey filmiques pour têtards qui coûtent toujours moins cher aux parents qu'un week-end à Disneyland. Mais ce cinéma-là ne me concerne pas.

Reste le succès, modeste mais constant, de quelques films d'auteur – tel *Amour* d'Haneke, *Hanna Harendt*, *De rouille et d'os* ou même, dans un style plus léger, le très surestimé *Camille redouble* – tous miraculés par une élite fédérée par l'ensemble de la presse méchante – mais force est de calculer que, cette année plus que jamais, dans la catégorie « divertissements de qualité », le cinéma français s'est pris une grosse beigne en pleine gueule, et ce en dépit d'une critique bienveillante.

15 heures. Arrivée à Calvi. Je regarde la mer. En ce qui concerne le paysage qui crépite sous mes yeux, impossible de le télécharger. Désolé, mec, faut se déplacer.

16 heures. Mon Iphone vibre : c'est le patron de *Marianne* qui, entre deux blagues nerveuses, m'avoue une nouvelle baisse « significative » des ventes en kiosque. Des kiosques qui ferment les uns après les autres. L'ensemble des news magazines est touché. Forcément : tous ont lancé leur site gratos. À un clic de l'info, pourquoi détruire des arbres ?

17 heures. Les pieds dans le sable, je me résume : le cinéma, la presse, les livres, les disques, les DVD, le hasard d'une rencontre amoureuse, les jolies femmes en uniforme, bref, tout ce qui m'intéresse s'est fait becqueter par le cadavre de Steve Jobs. Et vous appelez ça le progrès ? Des politiques qui tweetent leur faute de goût et de frappe ? Cet ami qui me racontait, aussi honteux qu'un pédophile, ses textos d'amour groupés ? Ces copines qui me confient leur « Je t'aime, papa. Bisou » qui les épargnent de le lui dire, tant ça prendrait du temps, tant ça pompe les sentiments ? Ces « Tu me manques » à un amant qu'on a déjà zappé mais qu'on se garde sous le pied ?

Le monde qui se dessine est un rêve de déprimé. Le déprimé que j'étais. Infoutu de sortir de chez lui. Peur et fatigue d'affronter la castagne à l'air libre, les bousculades du dehors. Il drague, visionne, commande, s'éduque, dialogue, bouffe et lit dans son lit.

18 heures. Il est temps que je télé-décharge toute cette aigreur dans l'eau presque pure de la Méditerranée.

La plus belle ville de France

L'autre jour, je débarque à Calvi, où j'ai l'inestimable privilège de vivre une partie de l'année. Aussitôt, le taxi :

« Vous aimez la Corse ? Elle est belle, mon île, hein ? Elle est pas belle ?!

– Si, si, monsieur, je vous le jure, sur la tête de ma maison. »

Quelques semaines plus tôt, j'arrive à Rennes pour présenter mon film. Première question des journalistes – qui se foutaient pas mal du sujet de notre comédie :

« Vous aimez la Bretagne ? Des origines bretonnes ? Ah ! votre mère ? Bravo ! Elle est belle, notre région, hein ? »

Le lendemain, à Lyon :

« Vous aimez Lyon ? De la famille à Lyon ? Non ? Pourquoi ? Vous la trouvez moche, notre belle ville de Lyon ? »

Même refrain à Strasbourg, Nice, Bordeaux, en Charente, en Normandie…

Ce matin, à Paris, ma fiancée rentre exténuée d'un séjour à l'étranger. Oh putain, avant même qu'elle dénoue son écharpe et pose son sac, je la coince dans le salon :

« Tu l'aimes, la région Île-de-France ? Des parents

à Paris ? Les deux ? Félicitations ! Regarde ma tour Eiffel : elle est pas belle, ma tour Eiffel ? Et mon Sacré-Cœur, sans déconner, c'est pas le plus beau des Sacrés-Cœurs ? »

Et, en même temps, faut les comprendre. Leur « mes » racines, leur « mon » décor et leur « mes » traditions. Encore plus à une époque où des ronds-de-cuir bruxellois et une conservatrice allemande foutent des baffes à nos ministres et tirent l'oreille d'un président élu par « nos » voix et payé par « nos » impôts. Dans son dernier livre, auquel *Marianne* a consacré une brève de 324 pages, Jean-François Kahn déclare, sans rire, qu'« *on ne pourra s'en sortir que si les Français ne rabaissent plus le collectif au seul niveau de leurs intérêts, de leur caste, leur tribu, leur foi, leurs racines, leur clan, leur hantise, leur patrimoine, leur hobby : si l'épargnant n'a plus d'yeux que pour la Bourse, l'agriculteur que pour la PAC, si le juif communautaire ne ramène plus tout au rapport avec Israël, l'écolo à la question des OGM et du gaz de schiste, si les taxis et les pharmaciens ne consacrent pas leur énergie qu'à la défense de leur numerus clausus, les cultureux aux subventions, les artistes aux téléchargements gratuits, etc.* » Mais bien sûr, Jean-François ! Et que dire de ces mamans nombrilistes qui ne s'intéressent qu'à leurs enfants ? Ou de tous ces amoureux qui ne pensent qu'à l'amour ? Personnellement, au risque d'avoir des problèmes, je pense que certaines pages de Kahn – dont l'utopisme frise la niaiserie – s'en sortiront mieux quand Jean-François Kahn s'intéressera un peu moins à la prose de Jean-François Kahn ! Car, de même qu'il faut s'aimer pour être capable d'aimer les autres, encore faut-il avoir les moyens de dépasser la question de ses propres moyens. Dans un pays où le patron de l'opposition ne pense qu'à rafler les voix de La Manif pour tous, le ministre du Budget à planquer de l'argent en Suisse et les grands patrons à payer moins d'impôts loin de leurs salariés, dans un pays où le président ne propose rien de plus excitant qu'une éventuelle croissance de 0,1 % dans deux ans, infoutu qu'il est de trouver des mots (d'excuses) pour rassembler son pays derrière son impuissance, il serait indécent d'en vouloir aux « p'tites gens » de ne penser qu'à leur p'tite gueule. Que reste-t-il aux Français, en ce moment ? Il reste la beauté de la Bretagne aux Bretons, la splendeur de la Corse aux Corses, l'élégance du vieux Lyon aux Lyonnais ou l'éclat de la Ville rose aux Toulousains. Du coup, de même qu'un ami se rendant au chevet d'une jeune mère lui jure aussitôt que son bébé est le plus beau, je réponds à chaque Français, dans un élan de miséricorde (et non d'opportunisme) : « Oui, mon coco, c'est la meilleure, ta ville, la meilleure de toutes les villes. »

——

Que ceux qui rêvent de me voir endurer le supplice du goudron et des plumes se rassurent : je vais mourir bientôt. À cause du goudron et de la plume. Comprenez : je fume comme une caserne depuis l'âge de quatorze ans, ayant tiré ma première latte pour offrir un rond de fumée à une allumeuse de quinze ans ; entre-temps, je me suis mis à écrire, et chaque ligne que je torture remplit mon cendrier : il y a la clope avec laquelle je savoure un bon mot et celle qui m'apaise pendant que je bataille contre une phrase mal construite. Si je me suis « fait » en écrivant, je me défais en même temps. Déjà, je cumule les séquelles : bronchites en série, fièvre intempestive, gastrite chronique, quintes de vieux barbon, dents grises, haleine du matin (au coucher), et je ne vous parle même pas des quarante-cinq minutes de récupération qui suivent l'acte amoureux – fût-il bâclé. (Certains gémissent en jouissant, moi, je dégueule mes bronches.) Les symptômes ont bien sûr empiré le jour où ce pays de fachos sanitaires décréta que mon tabagisme serait tricard des lieux publics. Vu que, dans la foulée, la météo lança l'hiver de onze mois, je me saigne la gorge sur le bitume chaque fois que ma blonde me traîne au restaurant – dont je connais mieux la façade que les lustres. Voilà pourquoi, hier, j'ai décidé de gagner quatre ou cinq ans d'espérance d'une vie désespérante en essayant la cigarette électronique.

Sauf que, ce matin, je lis dans *Le Nouvel Obs* (une preuve de plus de mon masochisme) que « l'incidence, même minime, de la vapeur exhalée » par les clopes en toc n'étant pas exclue, les autorités s'apprêtent à en interdire l'usage dans les lieux publics. Du coup, c'est le cœur gros et les poumons noirs que je demande aux non-fumeurs, ces zélés opposants au suicide : « Voulez-vous ma peau ? Serait-ce politique ? »

Toi, non-fumeur, écoute-moi bien : tu as déjà le teint frais, les dents de Nagui, les poumons rutilants, tu baises ta femme pendant cinq plombes (en apnée), tu chantes aussi haut que Lara Fabian, tu économises chaque mois l'équivalent d'un smic, tu vas pouvoir bosser comme un clébard jusqu'à soixante-quinze ans et tu auras la chance d'assister aux premières allocations chômage de tes arrière-petits-enfants, alors tu ne vas pas me briser une corde vocale de plus à cause de « l'incidence minime » de mes tubes en plastique !!! C'est ma dernière chance, comprends-tu ? Si tu viens l'entraver, je vais chez toi, je te sangle à une chaise et je t'oblige à pomper quatre cartouches de Gitanes sans filtre. Et je fume tout, même la frange de ta femme, sa moquette et ses rideaux. Car, s'il est acquis que tu n'aies pas à souffrir de mon vice, je n'ai pas à mourir de ton hypocondrie.

Fin. (Je viens d'écraser la dernière. Sur la radio de mon poumon gauche.)

––

Il fait froid. Le ciel est gris. Et nous sommes début mai. Comme pour les otages français en Afrique, Claire Chazal devrait nous préciser chaque soir, en ouverture de son J.T., depuis combien de semaines la France est en captivité.

Et l'été fut !

9 heures. Ce matin, comme tous les mercredis, j'ai ouvert les yeux en sachant qu'une partie de la journée serait consacrée à l'écriture de ma chronique dans *Marianne*. Dans la pénombre de ma chambre, j'ai donc quitté brutalement mes rêves pour une actualité moins poétique. Applications iPhone des grands quotidiens, chaînes d'info continue, RTL, Europe 1 : certains hommes se réveillent dans les bras de leur chéri(e), moi, c'est dans ceux de Bernard Tapie, NKM et du juge Gentil. Voilà sans doute une des raisons pour lesquelles ce n'est que sur le tard que je me suis réveillé tôt.

10 heures. En pénétrant dans la cuisine, j'ai été saisi par un trouble de la perception qui faillit me faire douter de ma sobriété de la veille. Le décor me paraissait étranger, incongru. Des couleurs criardes, des matières granuleuses, comme si mon designer suédois s'était découvert dans la nuit des origines antillaises. Ma bouilloire en Inox avait beau bouillir à la même place, elle brillait comme une lanterne d'Ali Baba et les tasses disposées sur l'étagère se découpaient fièrement dans l'espace en faisant mine d'être neuves. Si les murs étaient toujours blancs, ils l'étaient davantage. En revanche, le carrelage, que j'avais choisi noir, s'enorgueillissait d'avoir viré gris argenté, recouvert de

temps à autre par d'étranges reflets roux. La petite table en bois, cette petite connasse bon marché sur laquelle j'ai l'habitude de feuilleter la presse sans le moindre plaisir, clignotait carrément sous la fenêtre, comme pour m'encourager à venir m'y asseoir. Ce que je fis, bientôt étreint par une félicité inédite – et stupide – à cet endroit. Je faillis recracher mon thé quand, pour la première fois, je surpris mon reflet sur la surface lactée de mon bol, un reflet au contour précis, me confirmant non sans flagornerie le bleu-vert de mes yeux – soudain presque pareils à ceux de Christophe Lambert.

11 heures. Le phénomène se reproduisit dans mon bureau, qu'il me fallut inspecter une plombe afin d'être sûr que personne n'en avait modifié l'ameublement. Jamais je n'avais remarqué le rouge pétaradant de cette chaise, ni l'omniprésence déplacée de cette photo me représentant bébé dans les bras de ma mère nue. Je déambulais dans tout l'appartement, à grandes enjambées, quand ma petite amie rentra et prononça ces quelques mots qui résolurent l'énigme : « Tu as vu, il fait beau ! »

C'était donc ça ! Après des mois de grisaille, de pluie, de neige et de social-démocratie, le soleil – disparu on ne sait où (sans doute à Berlin, là où tout va mieux, les comptes, la croissance, les sondages) – venait de se rappeler que les murs de Paris, ex-Ville lumière, n'étaient pas si allergiques à la mélanine.

« Tu fais quoi ? me dit ma blonde.

– Je m'apprête à écrire ma chronique pour *Mar*…

– Attends, bouge pas ! »

Je la vis disparaître dans sa penderie et en ressortir, quelques secondes plus tard, dans une tenue scandaleuse qui encouragerait n'importe quel être humain normalement constitué à la violer dans une ruelle de Naples.

« Mais qu'est-ce que c'est ? balbutiai-je, jaloux de mon propre chat.

– Une robe. »

C'était donc ça !

11 h 30. Au moment même où je m'apprêtais à écrire : « Mercredi. Ce matin, comme tous les mercredis, j'ai… », ma fiancée (cet ex-porte-doudoune en Timberland transformée depuis ce matin en cache-foufoune à Tout-le-monde-bande) me projetait dans l'ascenseur, puis dans les rues, puis sur la terrasse d'un bistrot dont je ne soupçonnais même pas qu'il eût pu cacher autant de chaises dans sa cave. Et quelle terrasse ! Ceux qui n'ont pas connu la libération de Paris ne pouvaient pas prévoir ce qui eut lieu ce midi-là, quand de pauvres serveurs, tels les GI d'autrefois, peinèrent à ravitailler un peuple avide de boissons fraîches et de tomates mozzarella. Devant nous, un petit Parisien de trois ou quatre ans, aveuglé par cette soudaine luminosité, éclata en sanglots, avant de se réfugier dans la minijupe de sa mère. « Ce n'est pas dangereux, lui dit-elle, le soleil est notre allié, ouvre les yeux, tends-lui la main, et puis dégage : je bronze ! » Les automobilistes sortaient de leur véhicule au milieu du boulevard pour observer le ciel dégagé. Des hélicoptères de touristes japonais voletaient comme des mouches au-dessus de la tour Eiffel alors qu'une famille d'Esquimaux nous demandait la direction de Roissy. Plus sérieusement, un ami ambulancier m'avoua – par texto – s'être réjoui en apprenant qu'une vieille dame venait de clamser à cause de la chaleur. Les salles d'attente des services psychiatriques se vidèrent en quelques heures, la joie était si contagieuse que François Hollande gagna 0,45 point dans les sondages. Angelina Jolie, avant même d'attendre la cicatrisation de sa reconstruction mammaire, aurait

bronzé topless dans les jardins du Luxembourg. On me dit qu'Abdellatif Kechiche a salué un technicien ! Nathalie Kosciusko-Morizet, en dépit de ses origines transylvaniennes, a osé s'exposer à la lumière du jour. J'ai même vu un chien s'épiler.

14 h 30. Ma fiancée, qui m'a traîné place des Vosges, puis à Châtelet, Concorde, Charles-de-Gaulle, Paris-Plage, Levallois-les-Flots, Sarcelles-Croisières, refuse que je rentre pour écrire. J'ai beau lui jurer qu'il me faut graver dans le marbre une formule désopilante sur les massacres syriens, elle veut absolument que je voie que tout le monde voit que ses jambes sont sublimes. À chaque terrasse :

« S'il te plaît, juste un apéro…

– Mais, mon amour, il est 15 heures !

– M'en fous, on n'a pas bu de verre dehors depuis août 2011, on picolera jusqu'à ce qu'on crève !

– Et ma chronique ?

– Mais personne la lira, cette semaine, pauvre idiot ! Laisse tomber l'écriture – articles, romans ou scénario. Personne ne lira rien, personne ne verra rien, les gens sont éblouis ! On veut de l'oral, du mobile, du tactile. Cette semaine, mon amour, ton seul moyen de rester utile, c'est de chanter en plein air. [Proposition mesquine, vu que je ne sais pas chanter.] »

19 heures. Ivre mort, je m'apprêtais à écrire : « 19 heures. Ivre mort, je… » quand ils ont débarqué chez moi. Tous. Les amis d'enfance, les amis célèbres et les amis sincères. Des bouteilles à la main. Des débardeurs grotesques, des strings en guise de robes, des décolletés collant des seins suants : une fanfare de naturistes ! « Allez viens, mon Nico, reste pas enfermé ! On t'emmène sur les quais de Seine ! Puis on dansera sur les ponts. On trempera nos tee-

shirts dans les fontaines du Louvre ! On vomira sur la pelouse ! Pour la première fois de l'année, nous voilà tous ensemble et tous les mêmes, friqués et fauchés, pareillement désapés. »

23 h 45. Ma copine danse pieds nus sur les marches du Sacré-Cœur. Mes amis la regardent comme si c'était un mojito gratuit, mais je suis moins jaloux depuis que j'ai remarqué que leurs petites amies sont habillées pareil. Sauf qu'il fait 18 °C. On se les pèle mais personne ne me croit ! C'est mon quarante-sixième gobelet de mousseux. Des bulles plein le bulbe. Je n'ai pas écrit une ligne… et je regrette déjà l'orage.

Le mariage d'un autre

Aujourd'hui, un ami se marie. Dans une église près de la mer. Il est fou d'elle. Elle est sublime. Les invités sont élégants. Tout est beau. Sauf le prêtre. Avec son regard vide, sa voix blanche et ses phrases creuses. Ses prêches sur la fidélité qui soudain lui donnent l'air d'un juge d'instruction. Les injonctions de cette fiotte en soutane se répètent sur un ton de plus en plus impérieux. Je pense à la mariée qui, du haut de ses vingt-six ans, doit commencer à transpirer dans sa robe de dentelle brodée. La pauvre, je la sens pâlir face à ce cureton qui, en sous-texte, semble fulminer : « Fais pas la conne, ma grande, t'as vu le monde qu'il y a, et puis tu t'es cru où ? Dans un club privé ? Ici, c'est la maison du Seigneur, celui qui favorise Hitler quand il est pas content, regarde un peu le barbu en slip sale crucifié derrière moi, t'as vu ce qu'on fait aux salopes qui disent "oui" à un autre après avoir dit "oui" devant moi ? ! Baisse les yeux quand je te parle ! Prosterne-toi, jeune pute ! » Qu'en sait-il, ce bigot, de ce qui attend cette Parisienne aux dimensions parfaites ? A-t-il seulement idée de la tentation permanente rencontrée dans le monde du show-biz ?! Ne serait-ce que ce soir, à la fête, il y aura les plus grands prédateurs du pays ! Des prototypes en smoking Lanvin inventés par

Satan pour doper le pourcentage des divorces annuels. D'autant qu'il paraît que la fête aura lieu sur une plage sauvage, éclairée à la bougie. Quoi de plus facile, pour une jeune mariée littéralement traumatisée par un Edwy Plenel en toge, que de se planquer derrière une dune pour beurrer son hostie avec la bite du diable ?

—

Depuis quelques semaines, je sens que ma blonde aimerait des preuves. Un chien. Ou un mariage, elle aussi, par exemple. C'est à son tour, pense-t-elle peut-être, de gambader jusqu'à l'autel. Dans le cas contraire, si je ne fais rien de spectaculaire, son talent pour le doute va devenir du génie. Depuis quelques semaines, elle me murmure : « Je sens que tu t'éloignes » chaque fois que je m'enferme vingt minutes pour écrire. C'est pourtant pas faute d'être juste à côté. Mais la méfiance s'est incrustée dans notre couple comme Hanouna dans ma télé. Du coup, ses doutes me font douter. Est-ce pour cette raison que j'ai oublié de ne pas me rendre seul au mariage de mon ami ? Il faut dire que je supporte de moins en moins de l'entendre gamberger en silence. Il me fallait deux jours en connard. En copains. En vadrouille chaste. Comme avant. Pourtant, en embarquant sans elle, je sais très bien que je joue avec le feu qui crépite sous sa glace. Pourvu qu'elle passe l'éponge, qu'elle ne fasse pas un sort aux moindres turpitudes de notre libido. Qu'elle accorde un congé à notre passion quotidienne (qui ne connaît pas les 35 heures). Qu'elle nous laisse être médiocres, banals, nuls, le temps d'un week-end. Voilà des mois qu'on se fête sans cesse. Et nos roucoulades, nos déchirements, nos retrouvailles en larmes, nos « Je ne pourrais pas vivre sans toi – Alors pourquoi es-tu partie ? – Pour le bonheur de te retrouver » me vieillissent à vue d'œil. Chaque journée que Dieu fait ne peut pas être une audition d'amour ! « Désolé, mon amour, mais j'ai peur », me dit-elle chaque fois. Ce à quoi je suis tenté de répondre : « Désolé, mon amour, mais j'ai très peur que tu aies peur jusqu'à la fin. » La fin. Elle joue avec la fin. Elle l'insulte. Elle la craint. Mais elle l'évoque toujours, cette fin qui plane au-dessus du lit, qui me regarde pendant l'amour.

--

Comme je le redoutais, elle a sauté sur l'occasion pour jeter de l'essence sur cette infime étincelle, m'imaginant sans doute en train de distribuer des sourires autour des petits-fours. « C'est un symbole très fort, dit son dernier texto, tu te présentes au monde sans moi. C'est une façon de m'annuler. » Elle exagère. J'éteins le portable. La machine à se prendre le chou s'emballe malgré nous. Le suicide sentimental commence à me faire du gringue. Mon pote Jean me dit : « Rassure-la. » Je ne fais que ça. Je ne veux plus qu'elle se contente de me croire : je voudrais qu'elle me sache. Je lui ai tant dit, tant prouvé que je ne la haïssais point. À elle, désormais, de relire mon amour chaque fois que ça la gratte. Comme ces journalistes aux questions si redondantes qu'on a parfois envie de répondre : « Mais c'est déjà dans le dossier de presse ! »

Voilà. Je marche sur la plage, je dénoue ma cravate. Mon amour, cesse de m'obliger à précéder de « mon amour » mes répliques de tous les jours. Nous sommes déjà mariés et tu me troubles-fêtes.

Licenciement express
(le jour où j'ai perdu mon boulot et ma femme)

Marianne ayant décidé de rappeler à sa tête un vieux phraseur qui n'a plus toute la sienne, ce journal dans lequel j'écris depuis deux ans me congédie sans préavis. Rien de personnel, voudrait-on me faire croire, puisque c'est l'ensemble des « chroniqueurs d'humeurs » que cette énième « nouvelle formule » balance par-dessus bord. Comme une maîtresse un peu fripée se sentant proche d'être larguée, la presse ne cesse de changer de coiffure, de sous-vêtements, elle se tartine la maquette d'un gloss dégoulinant, d'un logo pétaradant, mais le mari-lecteur, glacé par ses supplications hystériques, la regarde buter comme une mouche sur le mystère de ses fantasmes. Apparemment, je fais partie de l'ancienne garde-robe. Bonne chance à la prochaine guêpière (la vérité, m'apprendra-t-on plus tard, c'est que je coûte trop cher et que Jean-François Kahn, ne me portant pas dans son cœur, a exigé ma tête).

Peu importe, le Lexomil aidant, je serai toujours reconnaissant aux deux directeurs de *Marianne* de m'avoir très longtemps laissé libre de t'écrire ce que je voulais, avec les mots de mon cru, les cibles de mon choix, et les conséquences judiciaires qu'il leur en a coûté. Mais j'aurais apprécié d'être prévenu juste assez tôt pour dire au revoir aux milliers de lecteurs qui me supportent chaque semaine. Et puis – nom d'un cul de Croate à l'orange ! – on peut tout de même s'étonner que même le patronat (ces méchants capitalistes que *Marianne* vilipende avec tant de vigueur) n'ose plus appliquer de telles méthodes ! On n'annonce pas à un soldat sa démobilisation avant qu'il ait tiré une dernière cartouche ! Mais, à gauche comme ailleurs, c'est « faites ce que je dis et pas ce que je fais ».

« Allô mon Nicolas, m'a dit hier Laurent Neumann[1] avec un archet de violoncelle dans la gorge, j'ai ADORÉ ton dernier papier. Dommage que ce soit le dernier. Ne t'énerve pas contre moi : je fais partie de ceux, avec Szafran et Domenach, qui ont tout fait pour te sauver. » Le nouveau monde est ainsi fait que même nos supérieurs trouvent des causes supérieures en guise d'excuses à leurs faiblesses. Sans rancune, mon Laurent, même si tu oses glisser dans cette ultime conversation que ton « nouveau » journal, pensé par Jean-François Kahn, sera RÉVOLUTIONNAIRE. Ce à quoi j'ose te répondre, un sourire amer aux lèvres, qu'une révolution fomentée par un grabataire pro-Bayrou – et copain comme puissant avec tous les cochons du CAC médiatique – a moins de chance d'aboutir qu'une campagne de DSK en faveur de la chasteté. Peu importe, votre avenir est déjà mon passé, et je vous souhaite le plus lent des trépas.

Voilà ma barque littéraire sans port d'attache hebdomadaire. Plus qu'un seul patron : ce livre, au loin. Prendre le large. Sans pour autant perdre de vue les côtes de ton actualité. Que ce journal public tiré vers

1. Directeur de la rédaction de *Marianne*.

l'intime ne devienne pas l'un de ces énièmes journaux intimes tirés vers l'infime. Ne pas sectionner les racines du présent collectif, se rappeler – contre l'image d'Épinal – qu'un écrivain ne l'est pas moins en commentant la colère de France Gall contre l'album-hommage d'une jurée de « The Voice ». D'ailleurs, je l'ai écouté, l'album de Jennifer, et je comprends que France Gall soit tombée de son trône en réalisant qu'une jeune chanteuse pouvait faire encore pire que l'original.

Cette semaine, décidément, les idoles de ma jeunesse font des doubles saltos dans leur tombe : ce matin, Michael Jackson – déjà bien brûlé de son vivant – est encore accusé d'avoir abusé un gamin de douze ans. Dans la foulée, un dossier tenu secret par le FBI – apparemment pas si secret – confirmerait que la star a acheté le silence d'une vingtaine de jeunes garçons. Il me faut avouer – sur le tard – que vers l'âge de onze ans, je vouais un tel culte à Michael – poussant l'adoration jusqu'à porter des mocassins vernis sur d'épaisses chaussettes blanches – que je n'aurais pas cracher sur quelques attouchements. À l'époque, son crime le plus grave eût été de me repousser : on ne vexe pas gratuitement un enfant blanc ivre d'amour ! Pour finir, j'ai appris tout à l'heure que le mur de tags décorant l'immeuble de Gainsbourg venait d'être blanchi par la Mairie de Paris. Ils ont tout nettoyé : les poèmes, les dessins, les graffitis de remerciements. L'argument : « C'était moche. » Gainsbourg aussi, et c'était beau.

--

Le nom de mon ami Nicolas s'affiche sur mon portable. C'est la troisième fois, depuis ce midi, qu'il essaie de me joindre. Je décroche. Son « allô » me suffit pour comprendre que le ciel vient de lui tomber sur la gueule.

« Que se passe-t-il, mon Nico ?

– On m'a cambriolé.

– Merde ! Quand ça ?

– Ce week-end, j'étais parti dans le sud pour le mariage de François et, en rentrant ce midi, j'ai découvert l'appartement à moitié vide.

– Ils ont volé quoi ?

– Toutes les affaires de Zoé. Les enfoirés, ils ont tout pris. Tout. Sa penderie, vide. Son ordi, volé. Son placard de salle de bains, désert. La cafetière qu'elle avait rapportée de chez elle, dans le cul. Ses bouquins, disparus.

– Et tes affaires à toi ?

– Ils n'y ont pas touché. Les cons ! Mes smokings, mon grand écran plasma, mes meubles scandinaves, ma collection de montres anciennes, tout est à sa place. Il y a fort à parier pour que ce soit une cambrioleuse.

– Tu as prévenu Zoé ?

– Non. Je préfère pas la déranger. D'autant qu'elle a laissé un mot : "Nicolas, tu es la personne la plus époustouflante que je connaisse. Tu me manques déjà. Terriblement. Je t'aime. Z."

– Tu n'as pas envisagée l'idée qu'elle…

–… qu'elle m'ait quitté ?

– Par exemple.

– C'est impossible. Ça fait des mois que nous sommes très heureux ensemble. Tu le sais mieux que personne.

– C'est vrai.

– On rit tout le temps. On ne s'engueule presque jamais. On aime les mêmes livres, les mêmes séries télé, les mêmes hôtels, les mêmes cocktails. On est – l'un comme l'autre – d'une humeur de chien le matin, et l'un comme l'autre trop gais le soir. Je la trouve brillante, elle me trouve du génie.

– Alors pourquoi est-elle partie ?

– Mais elle n'est pas partie ! Elle va rentrer ce soir. Quant au cambriolage, c'est le fait d'un pervers fétichiste qui collectionne les dessous féminins. D'autant qu'elle a du goût. Par exemple, je comprends qu'il se soit emparé de ses produits de beauté, ce sont les mieux sur le marché : ses crèmes sentent bon, le parfum de ses shampoings m'avait fait tourner la tête la première fois qu'on s'est assis dans une salle de cinéma, il embaumait les draps, quand ses longs cheveux blonds tissaient leur toile durant la nuit. Elle va rentrer ce soir, nous mangerons des petits plats japonais en commentant un débat politique.

– Vous n'étiez pas d'accord sur tout.

– Nous étions parfaitement d'accord sur le plaisir qu'il y a à ne pas être d'accord sur tout. D'autant que sa droite sociale n'était pas allergique à ma gauche libérale. Pour preuve, nous envisageons l'adoption d'un chien. Elle hésite entre « Rodolphe » et « Goebbels » (faisant preuve d'un humour qui ne serait pas du goût de tout le monde). Cet été, on a prévu de louer une maison, avec François et son fils, du côté de Biarritz. Je lui ai proposé d'inviter des copines, y compris celles que je n'aime pas trop, pour qu'elle ne s'ennuie pas. Elle m'a répondu : “Je ne m'ennuie jamais avec toi.” J'ai galéré plusieurs années avant de rencontrer une femme aussi jeune et mature à la fois. Sa beauté est ainsi faite qu'elle rend jaloux mes copains sans complexer mes copines. C'est une meilleure amie qu'on a envie de baiser.

– Puisque tout va bien, appelle-moi quand elle rentre.
– Tout allait très bien. Jusqu'à ce qu'elle me quitte. Je vais devoir raccrocher, car il m'est difficile de parler et de pleurer à la fois. Demain, j'appellerai quand même les flics, afin qu'ils tentent de retrouver les raisons de cette rupture, ainsi que la grosse valise qui contenait tout mon bonheur. »

Il raccrocha. Et je m'aperçus que je venais de dialoguer avec ma propre messagerie. Fallait bien que je partage mon chagrin avec quelqu'un. C'est tombé sur moi. La vérité est sans doute plus complexe que ce que je venais de me raconter. Et j'ai sans doute mes torts. Mais il aurait été cruel de tout m'avouer d'un coup. Jusqu'à demain matin, je me permets de me laisser le beau rôle. Celui du pauvre garçon qui se met à genoux pour ramasser le double des clefs qu'elle a posé devant la porte d'un appartement trop vaste. C'était peut-être trop grand pour elle. Trop plein de moi. Il y restait même une ou deux pièces qu'elle souffrait – disait-elle – de ne pouvoir visiter. Si elle s'était donné la peine de comprendre la mienne, je ne parlerais pas tout seul ce soir. Adieu, ma fiancée d'hier. Mes nuits blondes. Tu auras été la future mère de mon fils pendant plus longtemps que toutes les ex-femmes de ma vie. Tu m'as réconcilié avec les pieds rouges, Isaac Singer et le dynamisme anglo-saxon. Pour preuve, je t'aimais suffisamment pour que ma mère te déteste. (Rassure-toi, ce n'est pas elle qui a gagné, c'est moi qui ai perdu.) L'autre soir, tu m'as dit : « J'aimerais t'aimer un peu moins pour m'aimer un peu plus. » J'étais pourtant partant pour un plan à quatre avec toi, moi et nos jobs respectifs. Mais « même quand tu n'es pas là, tu me pompes beaucoup d'énergie ». Et tu as ajouté :

« Avant, j'étais la vedette de mes couples. » « Mais tu es ma vedette, avais-je mielleusement répondu. Sous les draps, je prends même beaucoup de plaisir à faire de la figuration. » Tu as souri. C'était pas drôle. Tu étais déjà sur le départ. Peut-être que moi aussi, puisque tu le dis. Nos baisers photographiaient les lèvres de l'autre en prévision du manque prochain.

Que faire ? Décidément, c'est l'année où les femmes, refusant de devenir des « femmes de », se préfèrent en « ex de ». Cet été, je serai donc à Biarritz sans toi. Avec François, son fils… et l'inconnu. Une fois de plus.

Ça commence à me connaître, l'inconnu.

Un homme libre

Les âmes poétiques feraient mieux de sauter ce chapitre, on va causer enveloppe charnelle sans piano d'ambiance. C'est l'été, ça se désape, les boucheries de sable étalent leurs corps de rhum-steak et les badauds tripotent des yeux ! On a loué une maison entre bites fraîchement larguées. On est pâles. À l'affut. Et paumés.

Rien n'est sûr dans nos cœurs, rien n'est tranché dans le lard de nos vies. Excepté une évidence : mon ami Laurent mérite le prix Nobel de la liberté ! Découvrir ce qu'il zieute, planqué comme un gamin derrière ses Ray-Ban Steeve McQueen, ne cesse de me rappeler les esclaves que nous sommes. En effet, lui qui se cachait depuis quinze ans derrière une épouse aux normes européennes (jeune, ravissante, mince et blonde), profite enfin de son divorce pour assumer l'insolente indépendance de ses critères de choix. Laurent, dont le charme george-cloonien et la thune élastique offre tout le champ des possibles pouffiasses balnéaires (celles qui ne boivent la tasse qu'entre deux shots de Grey-goose – THE Vodka que tous les beaufs de luxe se doivent de gerber en juillet 2013, car si se torcher à la Smirnoff, c'est vulgaire, la Grey Gose, c'est les vacances !), bref, mon Laurent qui émet malgré lui des ultrasons spécial sirènes vénales, eh bien cet enfoiré les préfère… vieilles et grosses ! Je n'ai pas dit « cougar voluptueuse ». Non, je vous parle de la quinqua, voire de la sexy sexa, aux énormes mamelles fatiguées par le soleil et plusieurs accouchements douloureux. Quand l'un de nous lui lance : « Lolo, regarde un peu, au loin, cette splendeur d'un mètre soixante-quinze pour quarante-trois kilos qui se regarde regarder la mer, se prenant à la fois pour Jésus-Christ et Kate Upton ? », il répond : « Nul, Zéro » puis replonge dans ses pensées.

« Tu les aimes plus matures ? lui ai-je demandé un jour.

– Non, carrément mûres. Avec des rides, et pas seulement aux coins des yeux. La peau des bras qui flotte un peu. Moi, quand une femme que je mate est suivie par deux trentenaires, en général ce sont ses fils.

– Et les cheveux gris ?

– Ça ne me gêne pas outre mesure. Tout dépend de la coupe. Seule la calvitie peut me braquer. Le cul flasque, ajoute-t-il, décuple mon désir, lorsque mes mains d'ancien cancre pétrissent la pâte maternelle, l'étirent et l'écartent dans l'espoir de voir apparaître ce fion rouvert comme un tombeau égyptien par la grâce d'un plaisir oublié. Mon Nico, n'oublie jamais que mes institutrices me prenaient pour un con. Il m'a fallu trente piges pour me venger avec ma queue. Je nique ma prof, je nique ma mère, je veux niquer les premières femmes à m'avoir fait bander. Et pleurer. D'ailleurs, j'aime qu'elles pleurent en jouissant. Je ne suis satisfait de moi qu'en les voyant chialer d'extase. Et de surprise. Et de gratitude. C'est tellement plus bouleversant que ces midinettes aux gueules carrées que vous vous échangez comme des Polo Ralph Lauren. Mon œuvre ne ressemble à aucune, et si mes fantasmes vous dégoûtent, tant mieux ! »

Résultat, au bout de quelques jours à le voir faire la fine bouche devant les bouches en cœur que lui tend le parterre postado d'une boîte en plein air, je lui conseille d'aller chasser directement dans les supermarchés. Du coup, chaque fin d'après-midi, à l'heure où les autres bellâtres de la maisonnée soignent leur pelage à coup d'après-soleil liftant et s'accordent un sieston avant le grand braquage nocturne, mon petit braconnier clandestin traîne en solo dans les artères familiales du super U de Porto-Vecchio.

Un soir, surprise, je le découvre sur la terrasse avec une rousse de moins de trente ans. Même arrangée par la pénombre et cinq verres de rosé, en suivant les canons de l'académie du « beau » mondial, on la jugerait au mieux « moyenne », limite tarte.

Je m'approche de Laurent et me permets de souligner la surprenante jeunesse de sa saisie, il me dit : « Pas faux, mais je lui pardonne car j'adore son grand pif et ses yeux. »

Je me penche : deux petits yeux de souriceau et un tarin de compète. J'ose remarquer qu'elle est vilaine. Il me répond : « J'adore. »

OK. Pas la peine de débattre : on ne parle pas la même beauté.

Et j'applaudis au nom de toute l'humanité.

En voilà enfin un qui pense, vit et bande par lui-même : son appart est mal foutu (sixième sans ascenseur, avec une cuisine plus grande que le salon et quatre petites chambres encastrées les unes dans les autres, le tout repeint dans un bleu si vif que même le peintre a refusé d'être payé), mais il en parle comme d'un chef-d'œuvre ; ses compagnes transitoires fracassent tous les codes esthétiques sous leurs pattes-d'oies gavées et leur taille de lamantin, mais lui les regarde comme des trophées ! Libre comme cet air par lui seul respiré. En niquant de l'aléatoire, il nous rappelle que les déesses de Maupassant feraient ricaner les panurges play-boys de maintenant. Il nous réapprend que les bombes sculptées par Michel-Ange ne trouveraient pas un maillot Érès à leur taille. Surtout, il me confirme que sur le beau comme sur tout le reste, on suit bêtement le troupeau commandé par trois fiottes des *Inrocks*. Grosse, jeune, vieille, maigre, rousse, noire, jaune ou verte, sachez qu'un type sublime et charmant vous accueillera en Corse du Sud, dans son lit de la chambre rose. Vous avez toutes vos chances. Et ce cador a toutes les chances de trouver sa « bonne » à lui, celle qu'il protégera jalousement de nos regards dédaigneux. Car la plus belle, c'est celle qu'on aime. Comme Laurent, ouvrez les yeux et bandez large. Très large !

D'ailleurs, l'heure n'est-elle pas venue pour moi de le rejoindre sur le dance-floor ensoleillé du parking d'Auchan ? À ce train-là, les mannequins sans saveur pointeront bientôt à Pôle emploi. Bien fait pour elles, cela fait trop longtemps qu'elles enlaidissent nos conversations.

--

À vrai dire, je m'en fous. D'elles. Les belles, les moches. Je me fous de bien des choses. Je m'en fous tellement que je me fous de savoir que tu te fous que je m'en foute.

La blonde est partie réfléchir et pleurer à New York. Décidément, je travaille sans le savoir pour l'économie américaine. Il paraît qu'elle veut revenir. Mais j'aurais trop peur qu'elle reparte. Serions-nous faits pour nous croiser ?

Les meilleurs s'en vont, les pires s'accrochent

Des vedettes. Un hit-couple. Voilà ce qu'ils sont. Nicolas et Carla. Lui, en tête des sondages de popularité. Elle, en jambes dans tous les journaux pipole. « Avec qui aimeriez-vous passer vos vacances ? » Entre Zidane et Dujardin, les Français répondent « Sarko ». Cet été, ce duo de VRP d'eux-mêmes est ravi de nous présenter son tout nouveau programme… minceur. Carla est re-baisable, qu'on se le dise. Il y a quelques semaines, invitée par Denisot à revenir sur ses dernières années, quelle est donc la seule chose qui lui restait sur l'estomac ? L'influence de l'extrême droitiste Buisson sur la campagne de son mari ? Non, les images d'elle (« déformée par la grossesse ») sur le perron de l'Élysée, suite à la passation de pouvoirs. « C'était affreux. Affreux. Ce jour-là, j'étais mal dans mon corps. » Après les sorties désespérées de son jules sur la menace musulmane ou l'assistanat des chômeurs, on eût préféré qu'elle fût mal dans sa peau. Mais non, rien ne les embarrasse excepté leurs kilos superflus. Superflus. Finalement, ces deux-là se sont vite et bien trouvés : traversant la planète, les épreuves, les échecs, les trahisons et leurs propres reniements les yeux voilés par ce soleil que reflète leur miroir. De bons clients. De bons vendeurs. Quand on observe depuis un an la campagne souterraine de Sarko, c'est à se demander qui est le plus « mannequin » des deux ! Forcé au silence par ses communicants, il arpente les podiums de l'actu. Sans moufter, ou si peu. La méthode Kate Moss : « Ne démens rien, ne commente rien, juste existe, on va finir par te prêter une profondeur magique. » C'est comme ça qu'une cruche sans poitrine est devenue l'icône mondiale des années 2000. Pareil pour le nain : rasé de près façon *Mad Men* ou portant demi-barbe à la Clooney, avec cravate ou sans cravate, il enjambe en minaudant les cadavres de son camp, l'air de nous dire : « Si vous saviez tout ce que j'aimerais pouvoir vous dire. » Et la presse se presse à ses talons pour filmer cette pantomime. Cette presse prête à tout avant de crever, cette presse dont j'ai trop parlé et qui, même dans le lit de Hollande, n'aura jamais cesser de se palucher sur Sarkozy.

Pourquoi lui ? Parce qu'il est supérieur à tous ? Non, parce qu'il leur est génialement inférieur. C'est précisément sa difformité qui manque aux médias. Sa vulgarité. Son simplisme. Cette façon de résumer l'économie mondiale en un slogan franchouillard. Ses petits roulements de tambour rhétorique à la Nikos Aliagas. Le Sarkozy se mange sans faim. D'une bouchée coupable. Ça occupe l'intestin. Sarko, c'est le pop-corn movie de la politique française : on s'en veut de le mater, car on sait que c'est bidonné, mais on le mate quand même, en rediff, le dimanche soir, la main dans le slip. Hollande, faut creuser, extrapoler, patienter, lire entre les dialogues. Je ne dis pas que c'est un grand film, mais c'est du cinoche pour adultes. Et les médias sont des enfants. Ils n'aiment rien tant que les personnalités coloriées à l'aide d'un fusil à pompe. Goldman sera le discret généreux, Dujardin le marrant populaire, Hollande le mou, Ardisson le misogyne, Sublet l'inculte sympathique. Et moi-même, pauvre de moi, combien de fois les ai-je laissés m'enserrer dans le costume du « bobo prétentieux et fielleux ». Ça fait de l'audimat, le méchant. Le spectateur savoure alors sa propre répugnance. Sacha Guitry disait : « Tous les genres sont bons, sauf le genre ennuyeux. » Force est de constater que si Sarko nous emmerde tous, il n'est pas « ennuyeux ».

Même son extraordinaire variabilité idéologique ajoute à sa télégénie. Le parfait pantin d'une série HBO. Assez creux pour se laisser manipuler par un pool de scénaristes. Du temps où il draguait vainement la gauche – et, au passage, mon paternel – derrière son bureau du ministère de l'Intérieur, j'ai connu l'épisode « Sarko est pour la régularisation des sans-papiers », si, si, il a joué le texte, sans bafouiller. Un soir, en rentrant d'une soirée, je suis tombé sur l'épisode où il se faisait larguer par sa femme le soir de l'élection suprême, c'était top, les créatifs de la chaîne avaient bien travaillé. Ensuite j'ai zappé sur « Sarko pique ses gros bonnets au Parti socialiste », avec dilemme psychologique de Kouchner et Besson, un peu glauque, mais pas mal. Y a eu « Sarko épouse une pouffe » qui nous a tous filé la trique, d'autant qu'on était restés scotchés à la séquence précédente, celle d'un « Sarko cocu » en une de *Paris Match*. Et puis… et puis… la saison s'est finie tant bien que mal, avec les surenchères habituelles propres au format hollywoodien : « naissance du bébé sur fond de crise mondiale », « dérapages verbaux et chute de popularité », pour finir sur « le roi redevient candidat et traverse la ligne brune ». Bref, vous avez tremblé devant la saison 1 ? Je vous prédis – sans la moindre précaution – que vous boufferez la saison 2. Tournage en cours.

--

Hier, Bernadette Lafont est morte. Quelques lignes dans *Le Parisien*. Deux allusions à table. Et puis plus rien. Aucune vedette à son enterrement (même pas Delon qui, d'habitude, de cimetière en cimetière, n'en finit plus ses repérages). Aucun hommage sur TF1. La faute au beau temps. Et au noir et blanc. À table, quelqu'un a dit : « Ah oui, vraiment ? Morte… Morte ? » Et il s'est resservi une portion de salade fraîcheur. Du temps de sa jeunesse, elle faisait se branler tout le cinéma français. Aujourd'hui, il s'en branle.

--

Besogneux du sentiment, je m'enferme dans ma chambre pour télécharger quelques-uns de ses plus grands films. *La Maman et la Putain*. *Le Beau Serge*. *Les Bonnes Femmes* (un sommet de liberté chabrolienne devant lequel, aujourd'hui, Natacha Polony et Caroline Fourest sortiraient leurs fusils). Bernadette, c'était donc toi. Le regard querelleur. Les cheveux en bataille. C'est vrai que t'étais jolie. Et agaçante, aussi. Cinquante ans plus tôt, je t'aurais volontiers dit : « où tu voudras, quand tu voudras » juste pour le plaisir de t'offrir celui de m'envoyer sur les roses. On se fait beaucoup moins mal en échouant sur les roses d'une vedette de cinéma. Et pas n'importe quel cinéma. Bernadette était jeune dans un tout jeune cinéma. Celui qu'on dit à l'origine de Bertrand Blier, Christophe Honoré, Jacques Audiard ou Arnaud Desplechin. Ma chère Bernadette, là où tu te trouves, emmitouflée dans cette douillette couette de mépris qu'est le sommeil des braves, tu me pardonneras forcément de noter qu'à l'oreille d'aujourd'hui, ton jeu ne sonne pas toujours « juste ». Ni plus ni moins que tes partenaires. Brialy, Blain, Léaud, toi. Merveilleux. Et un peu faux. On a l'impression que vous sortez à peine du ventre théâtral. Ou d'un trip sous LSD. Alors ça s'écoute parler, mais ça se laisse regarder et s'écouter parler. Le plaisir est à chercher par-delà la vraisemblance. Cette vraisemblance du jeu, des dialogues et du langage filmique dont la fiction actuelle nous abreuve à tel point qu'à première vue, n'importe quel épisode de *Desperate Housewives* peut paraître supérieur à *La Règle du jeu* de Renoir ! D'où l'oubli dans lequel sombrent la plupart des grands classiques. L'œil de vingt piges, plutôt que se laisser étreindre par la poésie d'un monologue, sa portée métaphysique, la splendeur d'un lent travelling ou l'ironie d'un symbole placé au fond du cadre, préférera s'attarder sur une série de détails foireux, de décors surréalistes et de gestes appuyés. Dommage pour lui : les regards d'hier étaient certainement plus naïfs, mais sans doute moins cons. Ce qu'on a gagné en technique, on l'a perdu en ambition. Bernadette Lafont, elle, refusa d'être l'idole de quelques cinéphiles nostalgiques et balada son jeu « dissonant » dans tous les genres. Ultime pirouette, cette « has-been » cassa sa pipe juste après le triomphe de *Paulette*, comédie dont elle tenait le rôle-titre – ce qui, pour une septuagénaire, est un exploit en soi.

Plus d'un million d'entrées étaient donc présentes à son enterrement.

Voilà. Vieille. Oubliée. Mais bankable ! Quelle élégante façon de nous dire : « J'vous emmerde ! »

Le comique gastronomique

L'un des spectacles les plus comiques auquel il m'ait été donné d'assister cet été ne se situe pas dans une salle des Grands Boulevards mais dans l'assiette d'un restaurant gastronomique de l'arrière-pays provençal. Le spectacle cartonne tellement qu'il m'a fallu réserver plusieurs jours à l'avance.

20 h 15. Un jeune maître d'hôtel aux moues encore plus snob que le fils caché d'Arielle Dombasle et Karl Lagerfeld nous « invite » à nous asseoir dans la « salle de mise en bouche – afin, dit-il, de préparer nos papilles ». Quand je lui réponds que, comme chaque soir, je les préparerais volontiers avec une bonne bière fraîche, je sens qu'il a envie de dénoncer mes parents à la DASS.

« Ah, vous ne "dégusterez" pas de vin ? me dit-il en se retenant de me cracher au visage.

– Si, mais plus tard, si vous le permettez.

– C'est votre droit.

– Merci.

– Souhaitez-vous que je mandate notre sommelier d'accorder chaque verre de vin aux différentes saveurs qui vous seront soumises ? (Notez que même Bernard-Henri Levy, quand il parle de la gauche sartrienne, fait des phrases beaucoup plus simples.)

– Pourrions-nous lire la carte, s'il vous plaît ? (Là, il est devenu plus rouge que le verre de vin que je ne buvais pas.)

– Désolé, cher monsieur, mais nous n'en avons pas. C'est un menu "émotion" que le chef varie chaque soir en fonction de son humeur, de ses errances et de ses inspirations.

– De ses errances ? Ah. Et si le chef est de bonne humeur, qu'allons-nous manger ?

– Il vous sera proposé treize "émotions" culinaires, principalement végétales. Avez-vous des allergies particulières ? »

J'ai failli lui confier mon allergie à lui, sa cravate à fleurs, ses adjectifs, ses mains jointes au niveau de son cou à la manière d'un rat, ainsi que celle de mon amie aux éclairages blafards de cette pièce surchauffée (c'est tout de même trop con de bouffer des fleurs à l'intérieur quand on peut les regarder sur une terrasse), mais personne m'a forcé, j'ai moi-même réservé ma geôle du soir, on se ressaisit, on est poli. Du coup, j'ai juste précisé mon inimitié (je parle comme lui) pour les anchois.

– Tant mieux, le chef ne travaille pas l'anchois. Il me reste à vous souhaiter une harmonieuse délectation.

Heureusement qu'il disparut au moment précis où son apposition des mots « harmonieuse » et « délectation » m'inspirait un gros coup de boule.

20 h 30. Un minibol a été posé devant mon amie et moi. Le serveur – sans doute le disciple du jeune pédant en ceci qu'il imite l'absurde sophistication de son verbiage mais sans maîtriser les règles primaires de la conjugaison – nous l'a présenté comme le « tout vert tigre : pointes d'asperges vertes confites sur pistaches vertes façon sabayon sans matière grasse et son jaune

d'œuf cuit-cru » avant d'ajouter : « Voici, je vouz'en souhaite z'ainsi d'une très bonne dégustation madame messieurs. »

20 h 31. On a fini. C'est très bon, mais il serait temps de passer à table.

20 h 52. Un deuxième minibol est posé devant nous. Autant te dire qu'on a eu le temps d'épiloguer en profondeur sur l'émotion suscitée par le premier « chef-d'œuvre » car, après l'avoir gobé d'un coup de petite cuillère, voilà vingt et une minutes que nos bouches réclament la suite. Celle-ci, encore plus « minimale » que le « tout vert tigre » (dont j'attends toujours de saisir l'allusion aux grands fauves), nous est « explicitée » ainsi : « Paysage de Camargue : jus de roquette véritable, très jeunes pousses d'herbe et citrons confits à l'huile d'olive… Voilà, monsieur mesdames, il m'en reste à vous souhaiter z'une savourante dégustation. » Face à ce fragment de citron posé sur un fond de flotte verdâtre, le tout (ou plutôt le rien) décoré d'une brindille, on ne peut s'empêcher de se dire que le « paysage de Camargue » vient d'être contemplé derrière un putain de microscope !

21 h 20. Troisième minibol de bouts de plantes. Etc., etc.

Que ce soit bien clair : je n'ai absolument rien contre les « émotions culinaires » et autres « ravissements de la bouche », même si je concède les avoir – de tout temps – trouvés très inférieurs aux émotions sexuelles et intellectuelles, mais croyez-moi, mes papilles tolèrent et encouragent les plus téméraires combinaisons de saveurs. En cela, mon palais est bien plus progressiste que ma queue. Seulement, quels qu'en soient la qualité, l'audace, la cuisson, le raffinement de la présentation et mon cul sur la commode Louis XIII, j'ai la vulgarité de penser qu'aucun être humain de moins de soixante-quinze ans, ayant devant lui une femme à la conversation brillante (et non une vieille colocatrice conjugale ravie d'avoir à commenter autre chose que leur vie de merde), bref, je m'entête à penser qu'aucun système nerveux et digestif normal ne peut supporter ce coïtus interruptus ininterrompu. Ne rien becqueter toutes les vingt minutes correspond davantage à une torture chinoise qu'à une partie de plaisir.

22 heures. Le fils d'Arielle Dombasle nous « invite » à passer dans la salle des « émotions fortes ». S'agirait-il enfin des plats de résistance ? Non, c'est la vieille nouvelle cuisine radine qui fait de la résistance : deux bouts de poisson, puis une lamelle de taureau. Chaque bouchée est savoureuse, certes, mais quand on sait que c'est la dernière avant une plombe, c'est pire ! Surtout quand la moindre syllabe de sorbet est entrecoupée par le couplet d'un automate littéralement tétanisé par le diktat sourd d'un mégalo cachant sa cervelle de pois chiche (cuit-cru) sous sa toque ! La grande cuisine a inventé le minimalisme bavard ! Quel humoriste s'autoriserait à ne sortir qu'une vanne par heure, avant de procéder à un long commentaire de celle-ci ? Aucun. Excepté, à la limite, dans la cour d'honneur du palais des papes, aux alentours du mois de juillet. Nous sommes tout près, d'ailleurs, et j'y vois comme un signe, me rappelant ces soirées purges de « recherche théâtrale » où, comme ici, je me sentais l'esclave consentant d'un talent dérisoire.

22 h 30. En attendant notre troisième bouchée de dessert, on regarde les images du grand chef diffusées sur des petits écrans plasma. Depuis quelques années, non contents d'être des vedettes dans leur milieu, les grands cuistots se font volontiers poètes, philosophes,

se livrant dans de longs entretiens légumiers sur France Culture et dans *Libé*. Le public et la presse les encouragent, les starifient. Et les surclassent dans l'avion du génie. « Voilà un vrai boulot, se disent certains, pas comme toutes ces feignasses qu'on invite à la télé. Le chef a les mains dans la terre, lui, il vient du bas de l'échelle, il sue comme une vache aux fourneaux. D'ailleurs, Brigitte, on n'hérite jamais d'une étoile au Michelin ! » Toutes les stars sont giflées par l'opinion publique. Notamment dans ce pays, où l'envie et le ressentiment sont les deux mamelles du caractère national. Mais le cuistot en Ralph Lauren passe à travers les balles – même quand il ne passe plus à travers les portes. Du coup, celui qui, avé l'accent du Sud, vante la « simplicité conviviale » de son pigeonneau à cent euros, peut continuer pépère à nous pigeonner !

22 h 50. On jette un œil autour de nous. Des personnes âgées, des Asiatiques. Il y a même un couple d'Asiatiques âgé. Dans tous les cas, personne ne parle. Tout le monde a peur. Nos tables semblent mises en concurrence dans un jeu de téléréalité. Qui sortira le premier ?

23 h 20. Fin de l'épreuve. On a perdu. Trois heures et une petite fortune. Mon amie – qui n'est pourtant pas la dernière à préférer le trio « chic, beau et rare » au duo « vulgaire et moche » – rêve d'une crêpe au Nutella et d'un Fanta citron sur une place de village.

Avant de sortir du restaurant, je feuillette le livre du chef (disposé sur son mausolée, dans l'entrée) et je lis ceci : « *Le plaisir est un préalable mais il n'est pas suffisant. Nous désirons lire sur les visages des dégustateurs l'effet de nos productions : la joie, la surprise, l'étonnement, l'enthousiasme, l'amusement, la jubilation, voire la perplexité.* » Pour ce qui est de la perplexité, mission accomplie. Pour ce qui est du ridicule et de la vanité, je lui donne toutes les étoiles dans le ciel de Camargue que je m'en vais dévorer.

On a peu mangé, mais on a beaucoup ri. Merci.

Désamours de vacances

Cet été, la mer a avalé les amours quadripolaires de Michael Douglas et Catherine Zeta-Jones ; puis, dans sa grande mansuétude, elle a coulé l'union torride de Cassel et Bellucci. Sur quel couple va-t-on désormais frotter nos fantasmes pervers ? D'autant que l'été d'avant, la presse people (c'est-à-dire la presse) nous faisait visiter l'épave conjugale de la belle Vanessa Paradis et de son pantin burtonien, ainsi que les débris du rafiot scientologue de Tom Cruise et Katie Holmes. Bref, les vacances rendent vacants bien des cœurs.

Et le mien ne s'est pas mieux battu puisque, dès la fin du mois de juin, je l'ai vu se faire bringuebaler d'une plage à l'autre, ne sachant plus vraiment s'il bronzait ou se brisait. Pourquoi l'été nous fait si mal ? Pourquoi l'été nous fait si peur (au point qu'un couple d'amis – passionnés, donc inquiets – a décidé de reverser ses grandes vacances à une association de surmenés anonymes) ?

C'est pourtant l'été, sur cet îlot temporel au large de l'angine, qu'on peut enfin se causer sans horloge dans la langue et couvrir d'ambre réparateur les bubons d'un hiver passé à se croiser, à se bâcler, à s'infliger nos galères, ou pire, nos enthousiasmes professionnels… Alors pourquoi tant de couples ont-ils succombé sous les coups du soleil ? Parce que c'est justement l'été qu'ils ont pu se parler sans arrêt – avec la dose d'ennui que cela révèle parfois ! Parce que c'est l'été qu'ils ont pu se tripoter en long – en large – et de traviole, suivant les injonctions de cette presse féminine qui, étalée sur la serviette, ne cesse de nous rappeler à quel point l'après-soleil est un lubrifiant parfait. Parce que d'après un misogyne que je fréquente quotidiennement, certaines femmes sont parfois plus inspirées sur un Post-it laissé au mois de janvier que sur une terrasse lascive au mois de juillet. Parce que d'après une journaliste chienne-de-gardiste à *Marie-Claire*, « y a rien de plus indisposant qu'un homme trop disponible ».

Je me souviens d'un été, il y a quelques années, où la petite amie chez qui je ne supportais plus d'habiter à l'œil, non contente de sponsoriser mon chômage à Paris, m'avait offert un séjour aux Maldives, pensant ainsi réveiller à coup de « comme c'est beau, ici, non ? » nos amours endormies. Dans l'avion, en la remarquant sur le siège voisin, je compris que le programme comprendrait la présence permanente de ma créancière. On arrive à l'hôtel : « Oui, c'est très beau, mon ange. » La piscine privative, posée comme une offrande sur le seuil de la chambre : je ne vais pas cracher dedans. Le restaurant du soir, à la bougie de cire noire, agrémenté par un soupçon de polonaise de Chopin : tout est d'un raffinement face auquel même Karl Lagerfeld resterait pantois. Seule faute de goût ? moi, qui n'ai plus le goût à elle, donc à rien, puisqu'elle parfume tout de son espoir déchirant.

Le lendemain, alors qu'elle forçait son bonheur dans un lagon turquoise, j'ai passé la matinée à imaginer le pied que je prendrais dans ce paradis si seulement la direction de l'établissement voulait bien m'en procurer une autre. Une neuve ! Une rescapée de ma prise en grippe. Une vierge de ma débandade. S'il vous plaît : je garde la chambre si vous changez la cliente. Ce serait quand même trop con de gâcher ce décor idyllique à cause d'un misérable déficit d'amour fou. Merde ! On a presque tout : la crème solaire à se tartiner, les virées en bateau à se faire croire que le monde est doux, la Voix lactée à se raconter, le jacuzzi à s'en faire pétiller le regard et la tige. Seulement, les heures passant sur mon corps froid, les soleils se couchant sur mon océan de remords et de culpabilité, j'ai de plus en plus envie de lui mettre la crème solaire dans le nez, les étoiles dans la gueule, et de la noyer dans le jacuzzi. D'autant que l'été touche à sa fin, les vacances vont fermer, laissant place au manque de temps et de thunes, à cette nuit parisienne qui tombe en pleine journée. Je la hais. Je la hais d'avoir les moyens de me payer la carte postale tout en me privant du timbre qui me permettrait de l'envoyer. Je la hais d'être gentille avec ce gigolo ingrat que reflète mon miroir. Je la hais à ma place. Je la hais de remplir mes yeux et de vider mon âme. Je la hais de ne pas s'appeler Chloé, l'étudiante en médecine qui – jadis – dépucela mon âme dans une crique de Calvi et dont les taches de rousseur peintes par le cagnard clignotent encore dans ma mémoire. Je la hais de ne pas s'appeler Laure, cette métisse impénétrable que j'attendais des heures, le cœur gonflé à bloc, sur le port de Saint-Tropez. Je la hais de n'être même plus le début de notre histoire, quand ses dents blanches ne me semblaient pas suspectes, ses sourires trop souriants et son intelligence trop vive. Alors, le soir, je souffle comme un porc sur les bougies de cire noire, je sifflote *La Marseillaise* par-dessus les polonaises et lui gribouille sur le front des défauts qu'elle n'a pas. Car, au lieu d'être aimée, elle s'obstine à être aimable, me laissant seul, à deux, dans un faste fauché.

Du coup, un matin, profitant de son sommeil, j'ai pris mes clics et mes cracks et j'ai grimpé dans un bus ; le soir même, j'avais troqué mon désamour de luxe contre des fantasmes en papier dans un taudis à trois dollars. Car il y a des désirs qu'aucun mécène, même la douceur des îles, ne peut ressusciter.

Les gens se quittent avant juillet parce qu'à la frontière de l'été, une police de l'amour vérifie nos papiers. Vive la rentrée !

La blonde – qui, depuis le temps, s'est peut-être teinte en brune – m'écrit de New York tous les jours. Elle semble me dire : *nos « papiers » étaient en règle mais nous avons pris peur devant le poste de contrôle*. Chacun de ses textos est un sourire de moins adressé à une autre. Une autre dont le seul défaut serait de débarquer ensuite. Trop tard ou trop tôt.

Je les échange tous contre… toutes !

Demain, je rentre à Paris. L'été touche à sa fin. Ce livre aussi.

La nuit dernière, j'ai fait un rêve. Un vrai, un doux, un bon, dans lequel Copé, Valls, Joffrin, Balkany, Moscovici, Elkabbach, Guaino, Elkrief, Morano, Placé, Barbier, Philippot, J.-J Bourdin, NKM, A. Duhamel, Fillon, Sarko, Désir et tant d'autres se baladent main dans la main sur une plage thaïlandaise, ils préparent les faux couacs et miniclashes de l'année qui démarre, ils répètent leur posture et toutes leurs petites phrases qui feront nos gros titres, chacun peaufine à l'avance ses répliques du scénar 2014 (cette année, la troupe des sociétaires fera semblant de se déchirer sur la réforme pénale, la lutte contre la délinquance et la politique de rigueur), bref, ils choisissent leurs cravates, se coupent les ongles dans le sable, ils se chambrent une dernière fois, loin des caméras, piquent un dernier plongeon avant de reprendre nos habitudes… Lorsqu'un terrible tsunami me les emporte à jamais ! Désolé, les copains, un grand rideau de flotte vient de tomber sur la scène politique. On va devoir auditionner à tout berzingue : nouvelles têtes, nouvelles voix, nouveaux cerveaux, plus jeunes, moins casserolés et moins nickelés. Dans la hâte, on piochera forcément dans la société civile, dans ceux qui n'ambitionnent rien d'autre que de partager leurs vérités. Pardon pour l'ancienne clique, c'est la nature qui a tranché. Mais ni Ruquier ni Aphatie ne pleureront très longtemps ces vétérans de la langue de bois. Alors que Chazal et Lapix feront d'un brillant inconnu un ministre populaire. Quant à nous, Dieu soit loué, on se surprend à rallumer le poste, à remonter le son de la radio !

--

Mon rêve était si confortable que j'ai pioncé dix-sept heures. Avant le coup de boule du réveil. Ils sont tous bien vivants. Tous déjà en guéguerre, tous déjà débronzés. On a remis une pièce dans le jeu vidéo. Du coup, c'est moi qui mate la mer d'un air suicidaire. Je ne remonterai pas de sitôt sur mon cheval de commentaires. Je ne peux plus faire semblant de m'indigner aux propos de ceux qui font semblant de se révolter. Non, la vie est trop dure ou trop belle. Je préfère encore écrire dans *Elle*. Aborder les vrais thèmes graves de mon actualité : Femmes, femmes, femmes… je vous redoute comme je vous aime. Celles qui avortent. Celle qui a peur de la première fois. Celle qui ne veut plus la deuxième fois. Celle que j'aime pour la troisième fois. Celle que ma future femme mettra au monde. Ceux dont ma sœur ne veut pas. Celles qui me tournent en ridicule. Celle qui, une fois de plus, m'a fait tourner en rond. Y aura toujours du politique, car tout est politique, à commencer par nos amours : l'infidèle ? une libérale sur le marché des hommes en hausse. La mariée ? une utopique si elle espère la retraite de mes frasques à l'âge du Christ. La femme enceinte ? vite, observons les prévisions du taux de chômage en 2020. La dépensière ? je nous exile en Suisse ! La folle ? je demande un audit du système psychiatrique. La mondaine ? j'ai décidé de dissoudre l'assemblée générale. La patronne abusive ? pour moi, tu n'es qu'une employée ! Bref, en passant de *Marianne* au plus grand magazine féminin, plus besoin de tsunami : je surfe déjà sur la vague.

--

En parlant d'*Elle*, n'y avait-il pas une blonde au début de ce livre ?

--

Je relis, en larmes, le premier chapitre. Celui de la rencontre. La première gorgée de blonde. Celle qui m'a donné envie de boire ce livre jusqu'à m'en flinguer la vessie, d'envisager le mariage, les grands appartements (si grands qu'on est contraint de les louer dans des quartiers de toxicomanes), les ventres ronds, les maisons de vacances, les week-end à Venise, le vieillissement commun.

« Je crois que j'aimerais passer toute ma vie avec toi.
– Moi aussi.
– Je crois que c'est la première fois.
– Moi aussi.
– Tu ne me quitteras pas ?
– Non ! Et toi ?
– Jamais. »

En déboulant dans mon taudis, la blonde m'avait offert de me réconcilier avec un lexique désuet : « couple », « confiance », « fidélité », « projets »,

« douceur », « politesse », « sincérité », « sommeil », « abstinence », « communication »… J'ai adoré ces mots qui me faisaient si peur.

Et puis elle est partie.

« Je préfère garder le meilleur.

– Feignante, comment peux-tu savoir qu'il n'est pas devant nous ? »

Voilà. À défaut d'un bébé, je lui ai fait un petit livre. Mon premier livre sans mensonge. J'espère qu'elle le lira. Évidemment, j'eusse préféré qu'il grandît et qu'il grandît encore, et encore, et encore, sous nos yeux ébahis, mais ça s'écrit à quatre mains.

Il ne m'en reste qu'une, pour écrire le mot « fin ».

Paris, septembre 2013.

Table

RÉALISATION : NORD COMPO MULTIMÉDIA À VILLENEUVE-D'ASCQ
IMPRESSION : CPI BRODARD ET TAUPIN À LA FLÈCHE
DÉPÔT LÉGAL : OCTOBRE 2014. N° 114123 (3006478)
IMPRIMÉ EN FRANCE